AMSTERDAM,

DE STAD IN GEDICHTEN

Amsterdam, de stad in gedichten

Ingeleid door Guus Luijters

2001 UITGEVERIJ 521 AMSTERDAM

COLOFON

Amsterdam, de stad in gedichten werd in opdracht van
Uitgeverij 521 gezet uit de Scala en gedrukt door Drukkerij
Haasbeek te Alphen aan den Rijn op 90 grams romandruk.
De vormgeving was in handen van Studio 521.

De uitgever heeft getracht alle rechthebbenden te achterhalen.
Aan hen die desondanks menen aanspraak te kunnen maken
op enig recht, wordt verzocht contact op te nemen met:
Uitgeverij 521, Postbus 1392, 1000 BJ Amsterdam.
contact@uitgeverij521.nl

© Samenstelling Harold de Croon en Arjan Weenink
ISBN 90 76927 01 4
NUGI 310

WOORD VOORAF

AMSTERDAM, SPIEGELSTAD

Vraag mij waar ik woon en ik zal het niet weten. Ja, in Amsterdam natuurlijk, driehoog met een balkon, in een laat-negentiende-eeuwse straat, waar het 's zomers giert van de zwaluwen en je 's winters altijd mezen hoort. In Amsterdam, de enige stad ter wereld waar ik niet kan verdwalen – niet tussen de steile straten en sombere pleinen van Oost, niet in de Geuzenveldse laagbouw of het labyrint van de Watergraafsmeer. Een stad als Parijs is daar te groot voor, maar Amsterdam past in zijn geheel in je kop. Met alles erop en eraan: torens en tuinen, bruggen en bomen, markten, kades, naamloze pleintjes, sluizen, kerken, huizen, hofjes. Zelfs voor de verdwenen stad is er plaats.

Natuurlijk woon ik in Amsterdam, maar niet in Amsterdam alleen, want even vaak als hier ben ik ook daar. 'Daar' is een huisje op een open plek in een palenbos, vlak achter de duinen. Ik kom er al 35 jaar. Het dichtstbijzijnde stadje is Schagen. Er staan twee kerken in Schagen. De hervormde op de Grote Markt en de katholieke aan het einde van de Gedempte Gracht. Als we van Amsterdam naar Schagen rijden en ik zie, vlak na het heuveltje in de bocht bij Dirkshorn, de twee torenspitsen voor mij opdoemen, dan jubelt het in mij. Want ik ben gek op Schagen. Zie mij van de Albert Heijn in de Makado via de Grote Markt de Gedempte Gracht aflopen en vervolgens, boodschapje gedaan, weer terug. Want, en dat is het merkwaardige, in het kleine

Schagen weet ik, anders dan in het grote Amsterdam, heg noch steg. Het heeft dertig jaar geduurd voor ik ontdekte dat er achter de katholieke kerk een kerkhof lag. Een mooi kerkhof, met een slagzij makende Jezus aan een ijzeren kruis. Toch zal ik over dit kerkhof nooit een versje maken, zoals ik wel over Zorgvlied heb gedaan. Ik zal ook nooit een versje op Schagen maken. Niemand maakt versjes op Schagen, denk ik, behalve de zondagsdichter van het huis-aan-huisblad misschien.

Schagen lijkt in dezen op Assen, Alkmaar of Arnhem. Stuk voor stuk prachtplekken, maar tot poëzie zullen ze niet gauw inspireren. Ze zijn te klein om goed te kennen. Om tot poëzie aan te zetten, heeft een stad een minimumomvang nodig.

Amsterdam is kennelijk groot genoeg, maar dat verklaart nog niet waarom er juist over deze stad zo uitbundig veel gedicht is. Want dat de rol van inspirator Amsterdam aanzienlijk beter afgaat dan de meeste andere steden, daarover laat deze bundel geen twijfel bestaan. Amsterdam hoort wat dat betreft in het rijtje Parijs, Venetië, Sint-Petersburg thuis, ook steden waar dichters niet over uitgezongen raken. De vraag is natuurlijk wat deze steden meer te bieden hebben dan, laten we zeggen, Berlijn, Boekarest of Birmingham. Het antwoord luidt: het water. Narcistisch als dichters zijn, hebben ze een bijzondere voorliefde voor spiegels, en bestaat er een betere spiegel dan water, dat, zoals Iosef Brodsky schrijft, ook nog eens 'beschouwd zou kunnen worden als een ingedikte vorm van tijd'? In Parijs is het vrijwel onmogelijk een stap te zetten zonder herinnerd te worden aan de Seine. Mocht de rivier een ogenblik buiten beeld vallen, dan zijn er de beekjes die murmelend door de goten gaan. Wat is Venetië anders dan water, waaruit hier en daar wat paleizen, koepels en kerken omhoogsteken? En Sint-Petersburg? 'De twintig kilometer lange Neva,' schrijft Brodsky in *Gids voor een herdoopte stad*, 'die zich midden in de stad splitst, met zijn vijfentwintig grote en kleine kronkelende grachten, voorziet deze stad van zo'n groot aantal spiegels dat narcisme onontkoombaar wordt. Elke seconde weerspiegeld door duizenden vierkante meters stromend zilveralmagaam lijkt de stad voortdurend gefilmd te worden door zijn rivier die het celluloid loost in de Finse Golf, op sommige dagen inderdaad net een bewaarplaats van zulke verblindende beelden.' Amsterdam ziet ook alles dubbel. Elke toren heeft twee spitsen, onder elke brug kun je twee keer door, geen huis dat zichzelf niet herhaalt.

In deze bloemlezing wordt u uitgenodigd thuis goed om u heen te kijken en dan de straat op te gaan. De straten zullen u naar pleinen en parken leiden, naar museum, schouwburg en bioscoop, naar station en stadion, naar Artis, Hortus en de kroeg. Door de buurten van de stad zult u gaan en overal zal het water zijn, met hier en daar als extraatje een regenboog. Maar bedenk, welke route u ook loopt, de uitkomst ligt onwrikbaar vast.

GUUS LUIJTERS, 9 JUNI 2001

Martin Bril

Het begint zo.
In een dorp.
Je staat te wachten.
Op de bus.
Het regent natuurlijk.
Het is druk in de supermarkt aan de overkant.
Je denkt.
De meisjes achter de kassa dragen allemaal een gele jurk.
En dan komt de bus.
Het is 16 uur 46.
Je stapt in.
Kaartje, twee gulden zestig.
Je gaat zitten en ziet jezelf in de ruit.
Je denkt.
Rijden maar.
En de bus rijdt.
Maakt een bocht.
Onder de wielen hoor je water.
Je denkt.
Ruitewissers maken een mooi geluid.
Stoplicht.
Stoplicht.
Halte.
Twee dikke vrouwen stappen in.
Schommelen door het gangpad.

Een windvlaag achter hen aan.
De chauffeur wacht tot ze zitten.
Hè hè.
Ze zitten.
Je denkt.
Waar is vanochtend eigenlijk de wind begonnen?
De bus rijdt.
Tien minuten later het station.
Stop.
Je stapt uit.
En snelt richting loket.
Onder de klok door.
Je denkt.
Een grote blauwe klok met grote blauwe wijzers.
Je loopt naar het middelste loket.
Daar zit het mooiste meisje.
Je denkt.
Ze komt uit Suriname, ze werkt bij het spoor.
En ze lacht.
Je koopt een kaartje.
Eerste klas, enkel.
Twaalf gulden.
Een tientje, een knaak, een kaartje plus twee kwartjes draaien rond.
Bedankt, alstublieft.
En weg ben je al.
Door de tunnel naar perron 4.
Vijf minuten later komt de trein.
Eerst rinkelen de spoorbomen.
Dan zie je de snuit van de trein.
Je denkt.
Het is een aap op schaatsen.
Je stapt in.

En loopt door het gangpad.
Je vindt een krant van 's ochtends.
En een lege coupé.
Je denkt.
Rijden maar.
En de trein gaat rijden.
Buiten valt nog steeds de regen.
Op huizen en auto's.
Op weilanden en koeien.
En op de duinen in de verte.
Op de Hoogovens.
Op de rookpluimen erboven.
En op het kantoor van Albert Heijn.
En op het Noordzeekanaal waar je onderdoor ratelt.
En op onzichtbare schepen.
Je denkt.
Hopelijk zijn het grote stomers.
Ondertussen mindert de trein vaart.
Links de haven.
Rechts volkstuinen.
En verderop station Sloterdijk.
Stop.
Tik tik tik, doet de klok.
Je kijkt naar een meneer die over het grote perron loopt.
Hij houdt zijn hoed vast.
Hij zwaait met een tas.
Je denkt.
Hij heeft haast.
Je denkt.
Het hoofd is groter dan de hoed.
In het algemeen.
Je denkt.
Rijden maar.

En je rijdt.
Kijk.
Links De Telegraaf.
Rechts de Maggi.
Even later het gasbedrijf.
En dan het Haarlemmerplein, de Houttuinen.
Links ondertussen de Eilanden.
Het IJ en het havengebouw.
De pont.
En nog een pont.
Ten slotte Centraal.
Je staat op.
Je denkt.
Niets is zo treurig als het Haarlemmerplein in de regen.
Ja.
En het regent er altijd.
Op het Haarlemmerplein.
Dan staat de trein stil.
En je stapt uit.
Je denkt.
Het is eigenlijk een wonder.
Denk je.

En zo loopt het dus af.

THUIS

Ischa Meijer

Soms loop ik 's nachts naar het Victorieplein,
Als kind heb ik daar namelijk gewoond.
Aan vaders hand zijn zoon te zijn,
Op moeders schoot te zijn beloond

Om niet. Om niet is het, dat ik hier ga,
De vrieskou in mijn jas laat dringen,
Alsof de tijd zich ooit zou laten dwingen,
Terwijl ik roerloos in de deurpost sta

Om thuis te komen. En zo simpel is de gang
Om tot dit moeilijk inzicht te geraken:
Dat ik geen kind meer ben; dat ik verlang

Naar iemand die nooit kon bestaan:
Een jongetje dat alles goed zou maken –
de tijd die stilstond en hem liet begaan.

Diana Ozon

Vijf uur in de morgen
Een jongen staat op
Zijn ouders slapen nog
hij smeert zijn brood
in hun keuken
in de Spinozastraat
voor hij begint met
zijn krantenwijk
Hij is in pyjama

Een halve eeuw eerder
Net zo'n jongen
uit dezelfde straat
dezelfde keuken
in de ochtend van
zijn loopbaan
op een eendere morgen
opgeroepen
en nooit teruggekeerd

Nu staat er weer een
Altijd groeien jongens
in hun pyjama's
eten extra veel en
werken voor hun zakgeld

mouwen en broekspijpen
te kort voor hun
naar het daglicht
reikende ledematen
Mijn moeder zou nog
een kraal willen ophalen
uit de tuin waar
ze speelde en
een ketting brak
De lege schommel hangt
boven de zandbak
Generaties later
geboren hond blaft

Jan Kal

EERSTE HELMERSSTRAAT 135 III

Toen ik in Amsterdam kwam op het lest,
na mijn gymnasium, drie jaar te laat,
vulde ik in de Eerste Helmersstraat
een zolderkamertje. Oud-West, thuis best.

Ieder wiens naam nu op de voordeur staat
is, drie jaar later, nieuw op een oud nest.
Ik deed er achteraf gezien geen pest.
Zo is dat, je weet net hoe of dat gaat.

Hoewel, nou moet ik ook niet overdrijven:
ik heb er wel gedichten zitten schrijven,
en liggen lezen, maar dan houdt het op.

Ook deed ik pogingen om echt te werken,
maar op tentamens was dat niet te merken.
Ik had toen wel wat anders aan m'n kop.

Ed. Hoornik

AMSTERDAM

In deze poort heb ik als kind gespeeld;
een vreemde vroeg: 'Is Rembrandt hier geboren?'
Ik knikte maar; hij heeft mijn haar gestreeld:
'Je kon zijn zoon zijn', klonk het in mijn oren.

Op elke gracht staar ik naar 't zelfde beeld:
in 't schijnsel van de spiegel zwemt de voren;
de knaap, die 's middags met het schepnet speelt,
wordt 's avonds ouder bij de Westertoren.

Er fladdren duiven; donker drijft de stad;
de sterren hangen boven steen en water;
aan oude muren sterft het klimopblad.

'Wat wil je worden?' vroeg vandaag mijn vader;
ik keek van 't boek op, voelde mij betrapt,
omdat ik van die stad wou dichten, later.

Ankie Peypers

STAD

omdat ik er geboren ben
in west waar we vaak verhuisden
(gratis behang in uw nieuwe huis)
en steeds een andere kinderkamer
voor mijn zusje en mij. het brede bed
waarin we 's avonds om de beurt
op elkaars rug het alfabet schreven.

omdat iedereen er woonde
de ooms en tantes op visite
de zondagmiddagen bij de oma's
schemerige lucht van oude mensen
planten en goudvissen in de erker
en een kwartje voor iets lekkers.

omdat ik er mezelf ontdekte
voor het eerst alleen naar de bioscoop
voor het eerst naar mensen kijken
's avonds staan praten op de leidsegracht
een kop koffie van een vreemde krijgen.

omdat ik amsterdams verdriet had
en amsterdamse dingen hoopte
amsterdamse liefde kreeg of gaf.
gedichten schrijven: straten huizen

bepalen hoe dat wordt. het licht van een stad
bepaalt dat. vanzelfsprekend en ondeelbaar.

omdat ik er ben opgegroeid
omdat ze de huid is van wat ik ben
omdat ik dat niet losmaken kan
is in alles wat ik zeg en schrijf
haar stem.

STRAAT

J.C. Bloem

DE DAPPERSTRAAT

Natuur is voor tevredenen of legen.
En dan: wat is natuur nog in dit land?
Een stukje bos, ter grootte van een krant,
Een heuvel met wat villaatjes ertegen.

Geef mij de grauwe, stedelijke wegen,
De' in kaden vastgeklonken waterkant,
De wolken, nooit zo schoon dan als ze, omrand
Door zolderramen, langs de lucht bewegen.

Alles is veel voor wie niet veel verwacht.
Het leven houdt zijn wonderen verborgen
Tot het ze, opeens, toont in hun hogen staat.

Dit heb ik bij mijzelven overdacht,
Verregend, op een miezerigen morgen,
Domweg gelukkig, in de Dapperstraat.

Frans Pointl

VOLKSGAARKEUKEN VAN 1870, SPUISTRAAT, AMSTERDAM — 1982

hier eten eenzamen traag
hun gestoomde hap
vandaag zit ik naast
de kromgebogen dood van Pierlala
het etend broertje van de dood
tegenover me de jonge verslaafde
nog drie tanden heeft hij
vroeger was ik een mooie jongen
zegt hij en zingt: I was Narcissus where
is my mirror
vrouwen en ook mannen
droomden van mij maar shit
de heroïne kreeg me
de oude vrouw in de hoek lacht
haar valse tanden lachwekkend wit
je moet toch eten
zegt ze verontschuldigend
stopt een stuk worst in de zak
van haar vieze jas
I was Narcissus but someone stole
my mirror
de verslaafde zegt
moet een shot
als ik 's avonds een tomaat eet
slaap ik daar tien uur vast op

zegt de vrouw
vier tomaten is zelfmoord
zeg ik
we lachen allen even
als het anders was verlopen
we met ons ongeluk niet op harde keien lagen
maar op watten
zaten we te dineren met uitzicht op zee
waar blijft de zachte eetmuziek? vraagt
de oude dame met roodroze haar en
juwelen van Van Cleef & Arpels
someone stole her mirror
de dood van Pierlala is
een skelet in maatkostuum geworden

Martin Veltman

P.C. HOOFTSTRAAT

Dure mevrouwen liepen langs de fraaie,
misschien wel fraaiste winkels van de stad.
De airdale terrier liet zich even aaien.
Een zuiderwind kwam zacht de hoek om waaien
of daar zojuist een bruid gelopen had.

Gerrit Komrij

NIEUWE KERKSTRAAT

Het is een stille straat. Je loopt er graag.
Er lijken geen bewoners te bestaan.
Een briefje aan de deur: 'Geen brood vandaag.'
Je waant je in het oog van een orkaan.

Je bent de Marseillaise aan het fluiten.
Krijg de kolere. Krijg de teringpokken.
Ter hoogte van Fijnstrijkerij 'Van Buiten'
Zie je ineens een oude zwerver sjokken.

'Het einde is nabij,' roept hij. Spuit elf.
Zijn slijm vliegt rond. Het is een enge vent.
Je weet wel wie het is. Je bent het zelf.
Toch doe je mooi alsof je hem niet kent.

Jac. van Hattum

OUDMANHUISPOORT

Ik nam er heel den ochtend voor,
want weet, men vindt daar altijd wat
en bladerde de boeken door
en zamelde een kleine schat,
en wilde, een bij met honing, gaan,
toen ik een Joodse naam zag staan
voor in een bundel en ik stond,
die naam bestorven in mijn mond.

Want zij, die eens dat boek bezat,
haar heb ik naamloos lief gehad...

weer zijn m'n schaarse vreugden zoek.
Er stond een Joodse naam in het boek.

Jan H. de Groot

DAMRAK

Het asfalt in de vroege voorjaarszon
wordt zilver van gehalte ongemeten.
De Beurs ligt in de spiegeling omgesmeten
en over 't water zingt een carillon.

Hier is mijn speeltuin en mijn wandelpad
mijn rustplaats tussen rietpluimen en lissen.
Het liefste zou ik er stil zitten vissen
tot 'k heel de buit aan stad gevangen had.

Ach, wat ik elders ving te Lodz of Londen,
te New York, Oosterbeek of Stalingrad,
het ging als ondermaats zo in de plomp.

Maar met een verse dauwpier uit de klomp
loer ik op Leidseplein en Kalverstraat
tot ik hun hart in 't mijne heb hervonden.

Han G. Hoekstra

DE KINDEREN UIT DE ROZENSTRAAT

De kinderen uit de Rozenstraat
hebben altijd vuile handen,
ze hebben meestal een gat in hun mouw,
en ongepoetste tanden.

De kinderen uit de Rozenstraat
hebben altijd slordige haren,
ze hebben vaak een splinter in hun hand,
en builen, bulten en blaren.

De kinderen uit de Rozenstraat
lopen meestal op blote voeten,
ze zijn de hele dag op straat,
alsof ze nooit eten moeten.

De kinderen uit de Rozenstraat
schijnen zich nooit te verschonen,
ze mogen alles wat ik niet mag.
'k Wou soms wel in de Rozenstraat wonen...

Guus Luijters

In de Kinkerstraat kom ik
hem tegen hij blijft staan
en spreekt mij aan de man
die alles heeft verloren
zijn vrouw zijn huis zijn baan
woont nu op de Kostverlorenkade
o ironie van het bestaan

S. Vestdijk

OUDEZIJDSKOLK

Het spart'lend water gaat den steen stukknagen,
Die in weerkaatsing steeds wordt aangevoerd:
Soms is het of nachtratten zich daar wagen
En of hun roofzucht uit de spieg'ling loert,

Waarin zich 't scherp doorreten raamgezicht
Zoo vloeibaar en verleid'lijk meent te weten,
Zich onderdomp'lend in het klaterlicht,
Tusschen riool en wolk breed uitgemeten.

In ieder huis slaapt tot de middagstond
Hetzelfde meisje, met doorknaagden mond,
Scherp ingereten rimpels, holle oogen.

En overdag hangt men zeer hoog te drogen
Wat 's nachts vergeefs haar lichaam heeft beschut
Voor 't ondergrondsch bedrijf der rattenput.

Eva Gerlach

VOLK

Vandaag stonden zij in de Leidsestraat
vlak achter mij, weerkaatst door Metz & Co.
Dunner dan ooit in hun breekbare staat
waren zij makkelijk te doorzien, maar zo

stevig lag het asfalt onder hun voeten
dat ik pas bij het omkijken argwaan kreeg.
Zij sloegen snel af, zonder mij te groeten,
de enigen uit wie geen damp opsteeg.

Max Dendermonde

HET LATE GIEREN

Pas 's avonds laat, vaak door een Nederlandse stem,
werden ze naar de tram gebracht, hoopvolle dieren,
hun kleine groep was maar voor Westerbork zei men.
Nog hoor ik in de Vijzelstraat het late gieren

van onze boze, oude Amsterdamse tram.
Wanneer wij na de vierde mei de vrijheid vieren,
het is net middernacht geweest, dan hoor ik hen.
Ik hoor hen zwijgen bij de Munt achter het gieren.

Avond na avond ging het in dat voorjaar door,
weer tram na tram na trein de dood in via Drenthe,
de tijd viel dicht op ongeoliede scharnieren.

Het kwaad, dat onuitsprekelijke, woekert voort,
het waait als beendermeel door elke witte lente.

Nog hoor ik in de Vijzelstraat het late gieren.

J.W. Oerlemans

AMSTERDAM 1941

Er hing iets zwaars
boven Amsterdam
je kon het horen
aan de verwarring in de straten
het alarm op de grachten
aan het kraken van Carré
Brahms-explosies
in de Van Baerlestraat.

Bert Voeten

BABYLON HERHAALD

Weer rijst de morgen boven Amsterdam.
Het licht stort grijs over de geveltoppen.
wordt op de pleinen breed en in de sloppen
tot clair-obscur, een schaduwende vlam;

onthullend wat zich in de nacht voltrok
aan deze nauwe, levenloze straten,
waar huis naast huis nu somber en gelaten
de uurslag opvangt van een verre klok.

Acht malen galmt het door de Lepelstraat.
Geen hand neemt er de luiken van de ramen,
geen karren rijden naar het plein de kramen,
geen winkelbel die rinkelend overgaat.

Ginds gaapt een deur, een smalle zwarte mond;
daar liggen scherven van gebroken ruiten.
Wie hier bevel gaf alles in te sluiten,
hij sloot met dood en duivel een verbond.

PLEINEN/BEELDEN

Cees van der Pluijm

AMSTERDAMSE JONGEN

Ik zag hem op een warme zomerdag
En stierf haast van de hitte en zijn lach

Hij wilde met me mee, voorgoed gevangen zijn
Bij mij, ván mij zijn, fier en onbevreesd
Geketend in mijn kelders en mijn gangen zijn
Mij dienen met zijn lichaam en zijn geest

Ik dacht: hij kon het thema van mijn zangen zijn
Mijn muze en mijn welverdiende loon
Mijn werk zal straks met lauweren omhangen zijn
Door hem, mijn slaaf, mijn knecht, mijn jonge zoon

Hoe lauw zouden de tranen op zijn wangen zijn!
Ik joeg hem weg – al speet míj dat het meest:
Vervulling zou het einde van 't verlangen zijn
De anti-climax van een bruisend feest

Ik zag hem op een warme dag in juli
Hij sprak me aan bij 't beeld van Multatuli

Paul Gellings

HAARLEMMERPLEIN

Wat daar ligt, voorbij de poort
waarvoor wij staan, doet niet
terzake: een stenen land; eerst

vuil, daarna gebroken wit tot
aan de kust. Nee, het gaat
om wat ons op een tochtvlaag

tegemoetkomt: geur van licht dat
zich verbergt in deze paarse,
maartse avond. Zoals wij zonet

daar aan het einde van de dijk
waar de stad verbrokkelt tot
spelonken; waar je pizza's eet

en handen leest. Onze vingers in
elkaar gevlochten. De kaars een
pasgeboren zon op zee. Dát licht,

verborgen in de nacht voorbij
de poort waarvoor wij staan;
waardoor wij straks verdwijnen.

Willem van Toorn

DE MEESTER

Schreef je hier, jongen, wat meester niet zegt
maar wat raast in zijn hoofd, dan lazen wij
Nog altijd beschikt de werkman niet vrij
over zijn eigen leven. Bar onrecht
houdt hem en zijn kameraden geknecht

op deze aarde die een paradijs
zou moeten zijn. In het echt zal het taal
zijn wat meester dicteert, of tafels. Het lokaal
moeten we erbij denken op de gracht:
laat middaglicht valt door het hoge raam
langs de kleine handen op het tafelblad.

We hebben alle tijd. Schrijf eerst je naam
links boven, en de dag: vandaag
begint de toekomst die wij samen maken.
Dit is de les, kind: de wereld is slecht
maar wordt ooit goed. En dat kennis is macht,
voor arme mensen ook. Het groot mannenlichaam
herbergt wel voor een hele schoolklas dromen –
luister hoe hij ons de wereld uitlegt.

Als straks de bel gaat ligt de oude stad
blinkend wijdopen voor je nieuwe ogen.

Rutger Kopland

DE KUS

Kijk, daar, hoe hoog onze gezichten
zweven in de lucht
zo hevig verlangen ze, naar een kus

zie je hoe onze monden, onze lippen
aan elkaar lijken te vragen
oh, nu, nu

ach lief, dat zoeken naar iets
dat lichter is, vluchtiger
groter dan wij.

Gerard den Brabander

WATERLOOPLEIN

Al wat er mijn gevoelens zijn
ligt op dit ordeloze plein
te koop als rommel en oud roest,
als oud fornuis, finaal verwoest.
Maar, als ik weer beginnen moest,
zou ik opnieuw een dichter zijn,
maar niet meer met zo'n trotse mond,
meer een hyena of een hond...
Het volk, als ik het goed bekijk,
ligt aan mijn voet als burger-lijk.

Michaël Zeeman

UIT EEN STUK

De handen leeg, het lijf veeg,
alle taal verbeten, het leven veil,
te hoop tegen alles wat beweegt.

Wie zal de zware tors behoeden,
het knikken van de knie verhoeden,
het knakken van de trots vermoeden.

De linkerhand leeg, de rechterhand leeg:
ik wist niet dat een hand zo leeg kon zijn,
ik wist niet dat een lege hand zo hol kon zijn.

Geen voorhamer, geen klauwhamer,
(geen hellebaard en geen geuzenzwaard)
geen lasgerei (en ook geen buskruit).

Met lege handen, met het vege lijf:
niks waard, zo met niets in handen,
niks waard, zo met niets om handen.

Vastberaden, heldhaftig, barmhartig.
(Maar morgen wel weer aan het werk.)
Verdraagzaam, voorzichtig, pragmatisch.

Uit een stuk, een man van metaal,
hij kijkt over de stad, de lege, lege stad,
naar een Hollandse wolkenlucht.

A. den Doolaard

FEBRUARI-STAKING

Zij staakten niet om goed of geld,
Niet om der wille van den brode;
Zij staakten tegen 't bruut geweld;
Zij staakten om geslagen joden.

Helden, die in de oorden zijt
Die geen tiran ooit zal betreden,
Verlicht gij de verlorenheid
Van hen in 't donker hier beneden.

Daal naar hun cellen, voor de nacht
Zich kleurt tot rode stervensmorgen;
Vertel hun van het slapen zacht
In ongebluste kalk geborgen;

Vertel hun, hoeveel beter 't is
Om zonder kruis en zonder botten
Te wachten op de herrijzenis
Dan laf en levend te verrotten.

Tussen de blinddoek en de dood
Is enkel maar het korte knallen.
Grijp dan hun hand, opdat zij groot
En zwijgende voorovervallen.

Ga met uw mond tot bij hun oor
En zeg: 'Dit is de laatste wonde',
En fluister hun de woorden voor:
'Mijn God, vergeef ons onze zonden.

Wij staakten niet om goed of geld,
Niet om der wille van den brode;
Wij staakten tegen 't beulsgeweld:
Wij staakten om geslagen joden.'

S. Vestdijk

THORBECKEPLEIN

Twee winkels zijn nog niet tot kroeg bevorderd,
Staan leeg te wachten onder hun balcon,
Maar weldra worden zij geridderorderd
Met een 'Olympia' of 'Chez Gaston':

Er zullen heesch-trillende bronstgeluiden
De klanten lokken voor livreien langs,
En vrouwen zullen zich zoo zwoel als 't Zuiden
Uit pelzen blank openen voor den dans.

Eén is er, die zich niet verleiden laat,
Al groeit het cabaret ook tot den hemel:
De staatsman in zijn joelend internaat,
De handen zorg'lijk rein (voor het gefemel).

Of zou hij, wijzer, met het nachtvolk praten:
Doodenontspanning, moeizaam en met mate?
Want als de melkman vroeg de musschen stoort,
Staat zijn gezicht nadenkend, maar bekoord.

J. Eijkelboom

DUIVEN

Ik zag een man op de Dam,
hij was met drek overdekt,
hij stond onder een wolk,
liep in een vijver van duiven.

Kleuters wuifden half-bang langs de kant
of waadden dronken door het luid
koerende, doorvoede maar toch
steeds bezetener klapwiekende volk.

Vertederd keken ouders naar dit
niet uit te roeien misverstand:
geen land of op square en piazza
wordt vrede door vraatzucht vertolkt.

Ja, laat Picasso maar schuiven.
Hij schetste Stalin als Adonis
en de duif met een tak in het bekje.
De duif? Die bestaat niet in 't echt,
men ziet nooit anders dan duiven.

GRACHTEN

Gerard den Brabander

HERFSTMIDDAG AAN DE PRINSENGRACHT

Ik zie de boom, geworteld op de voeten,
het jaar doorschrijden en het watervlak
der Prinsengracht. Ik zie het water groeten:
één grote glimlach, waar de zon in brak.
En toen ik haar op ingetogen benen
over de ronde rondebrug zag gaan,
liep er iets warms vanuit mijn borstkas heen
en keek ik dieper in mijn leeg bestaan.
Er blijven nu maar weinig dingen over:
water en zon, wat mist, verwelkend lover,
en, ergens in de droom daartegenover,
achter de hartstreek een verdwaalde pijn...

De pijn wordt groter, en het woord zó klein,
dat zij niet weten of zij samen zijn.

Eduard Brom

GRACHTEN

Hoe prachtig op deez' late dag de grachten,
In licht gebroken, zon- en schaduwspel,
Beurtlings omsluierd of beschenen hel,
Als 't wondere gevoel bij stilverwachten...

De bomen buigen in levend betrachten
't Beblaârt getakt' voorover... 't zacht gewel
Van 't groene water elk beweeg kaatst snel:
De huizen staan verzonken in gedachten.

Brug 't water overwelft met zuivre boog...
Daarop ziet 's wandelaars droomspeurend oog
Weerzijds de gracht verliezen zich in bochten.

Maar weet die edle golving nog heel wijd,
Die huizen mijmrend eindloos saamgereid:...
Schoonheid die de eeuwen niet ontluistren mochten...

Jan H. de Groot

HEIMWEE

voor w. bouma

ik kwam niet van 't station de veste binnen
maar vond mij fietsend op de rozengracht
naar het kantoor waar ik om vijf voor acht
mijn naam moest zetten en mijn taak beginnen

tussen de morseseinen in op jacht
(naar beelden uit mijn vroegste herinneringen
van moeder die mij zacht in slaap wou zingen
en vader die mij vaak naar school toebracht)

ving ik de meiden in de kalverstraat
de koffie en de borrel bij de buren
waarvan er één opstandige verzen schreef

hij is nu dood en ik raak ook te geef
maar wacht op iemand voor de laatste uren
die mij naar amsterdam ontsnappen laat

Wim Ramaker

BINNENGRACHT

stenen van de stad
hoor mij aan
700 jaren barsten in uw voegen
zijn niet toereikend voor een vervolg

een steen is als een straat
een straat is als een plein
een plein is als een stad
en een stad is als een steen
in zijn ogen
op de dag van uw vergaan

stenen van de stad
scheep u in
het heeft geen zin
u langer te verzetten
tegen eeuwenoude wetten

alleen wie ondergaat in de gracht
zal levend worden bovengebracht

waterwachter
laat mij ondergaan
beneden mijn bestaan
naar lucht happen
om op het schip te stappen

losgeslagen stenen
zie mij aan
onder amsterdams peil gezonken
tot de dood beschonken
er zal een nieuw gezicht opstaan
het stenen zal onder water vergaan

schipper
vertrekt er vannacht
een schip naar mijn binnengracht

H. Marsman

AMSTERDAM

De maan verft een gevaar over de gracht.
ik schuifel elken nacht na middernacht,
in een verloren echoloozen stap,
ruggelings schuivend langs de hemelschuinte,
de treden der verlaten wenteltrap
van de ontstelde ruimte

Jan Boerstoel

FUTEN

De futen zijn weer druk met nest- en waterbouw
in de Da Costagracht: bladeren, kleine takken,
maar ook papier, verroeste waslijn, plastic zakken,
een echte stadsfuut kijkt allang niet meer zo nauw.

En ik sta voor mijn raam en zie hun zwoegen aan
en denk aan al die ruziënde grachtgenoten:
eenden en meeuwen en aan grote vuilnisboten,
ik maak me ongerust of dat wel goed kan gaan.

Maar futen kunnen daar niet overstuur van raken,
als zij van rotzooi, op z'n fuuts, iets prachtigs maken.

Bertus Aafjes

AMSTERDAMSE WANDELING

Laatst liep ik langs de Brouwersgracht:
Het licht lag als een maagdensluier
Van blauw over de late pracht
Van olmen, gevels, boten, puien.
Het najaar deed zijn proper werk
En wreef de verfkwast door de bomen;
Daarboven stond de Westerkerk
Van God en engelen te dromen.
Bij de gedempte Lindegracht,
Stond ik verwonderd toe te kijken,
Hoe elk zijn deel te nemen tracht
En daarmee van de markt te strijken.
De vissen blonken in de zon,
De tenten waren wit en proper;
Men schepte haring uit de ton
Op 't bord van een begerig koper.
De aal gleed wrevel door de trog,
– Men vilde haar, de vismand stonk er, –
En stervend, om het lemmet nog
Volhardde zij in haar gekronkel.
De schub, die door het vlechtwerk stak,
Leek uit een juweliersvitrine,
In 't licht dat door de olmen brak:
Die waren blonder dan blondinen.
Toen liep ik langs het water door,

Dat was aan spiegelbeelden rijk;
Een herfstblad trok een zilverspoor,
Een kleine dodenbark gelijk.
En rechtsaf volgde ik bedaard
Een meisje met een zomerhoed,
Dat liep door de Haarlemmerstraat,
Het Bickerseiland tegemoet.

J.W. Oerlemans

HERENGRACHT

De Herengracht heeft
vele intellectuelen
dat is te zien aan
het beschaafde loeren
het borende informeren
het langzame vreten
aan elkaar.

Pierre H. Dubois

AMSTERDAMS JONGETJE

Als hij uit school komt en de pas vertraagt
om even over de brugleuning te hangen,
wordt hij een duikelaartje dat het waagt
in een speekselkring het eigen beeld te vangen.

Er is iets in hem dat hem telkens vraagt
even te schreeuwen in de holle gangen,
en de oude meid, die hij weer heeft geplaagd,
warm in zijn jongensarmen op te vangen.

Maar straks als hij – zijn tafeltje voor 't raam –
vermoeid over zijn sommen zit gebogen
en soms zijn blikken laat naar buiten gaan,

ziet hij de grachtbomen door wind bewogen,
duiven, die koerend langs zijn venster vlogen,
en ijl boven de daken reeds de maan.

PARKEN/HORTUS/ARTIS

Chris van Geel

ONDERDUIKER IN ARTIS

De smalle man in zwarte jas
loopt langs de kooien, gaat in 't gras
bedeesd staan naast de pelikaan,
de ooievaar, de maraboe.
Zijn jas knoopt hij tersluiks stijf toe.
Hij kijkt niet meer hoe laat het is.
Hij wacht op het etenreikend kind
dat aandacht veinzend voor de dieren
hem in het Nijldal vindt bij vieren.
't Is Mozes' uur. Hij is gevonden.
Het brengt hem bieten in de pan.
Het Entrepotdok fluit.
Hij schrikt ervan.

Gerrit Kouwenaar

LEGE VOLIÈRE IN ARTIS

Deze kooi waar ooit exotische vogels in huisden
staat leeg, zij aten geen brood, dood
gaande in een oase
stierven zij uit

volgend de overlevende paden
door de sneeuw van het huidige jaar
proeft men ranja, geen tranen

spelt men aan de hand van een alwetende vader
des zondags de ara de beo de condor

hoort men des nachts in een bezette kamer
het stampen en snuiven van hongerige beesten
dwars door de stilte van ontvolkte huizen

de kooi staat leeg, men kauwt
het woord oase, voert de duiven pinda's

op honderd meter kankert de vrede, men denkt
dit is beter, het sneeuwt, het is heden –

Anna Enquist

HORTUS BIJ NACHT

's Avonds, in de regen,
bezoeken wij de Victoria regia.
Zij woont in een kermistent met gekleurde lampjes,
daar ontvouwt zij haar koninklijke bladeren.
Er wordt uitleg gegeven en men luistert met aandacht.

Mijn kinderen en ik houden ons wat afzijdig
en fluisteren zacht over de jungle:
– fluwelen nachten, geur van ananas,
een slang bezeert zich aan de stekels –

o wat moet ik missen
wat moet ik elke dag weer
vaarwel zeggen en achterlaten.

Murk A.J. Popma

AMSTERDAMSE BOS

Een dichter vist onder een boom
in de stroom naar zijn spiegelbeeld
verrimpeld, gevierendeeld –
rond zijn slapen een bladerkroon.

Kees Winkler

WINTERDAG

Het gras was berijpt, de grond hard
roerloos stond een reiger in de vrieskou
de tamme ganzen gakten luidkeels
ik had warme oren van het wandelen

Over het ophaalbruggetje door het Bosplan
het winterse sluisje langs de boten
naar de kinderboerderij en Walter
Walter draafde als een herdershond om ons heen

Dampend onze adem, dampend de koffie
op onze magen, de mok in de steenkoude handen
en toen weer terug: de vorst als een scheermes
de wind en het sneeuwen der meeuwen daartussen

Stampend liepen we het warme huis binnen
en strooiden brood voor de vogels uit
(Walter verwarde een spreeuw met een lijster!)
tenslotte een potje geschaakt en verloren

Adriaan Morriën

HERFST

In de stad wordt het herfst aan de gracht,
in de Hortus verkleuren, ontbladeren de bomen,
laten zien dat er overgang is en voleinding.
De winter schept ruimte, nadenkende leegte.
Wedergeboorte laat sprakeloos op zich wachten.
De herfst is een lied, een naglans, een vergeten geliefde.
Ook het heelal ontbloot zich, de ster valt terug in
    zichzelf.
Wij zijn het nageslacht van zinnebeeldige tijden.
Wij zijn de aarde, de bloesem en vrucht, het vallende
    blad.
Wij zijn de verbazende sneeuw van een moedwillige
    winter.

T. van Deel

DIERGAARDE

Het mooiste zijn de hokken, waar ook na lang
gezoek geen dier in wordt gevonden. Tussen
onkruid, in de schaduw, niets wat om zoveel
ruimte heeft gevraagd. Die vult zich dus vanzelf
met dromen. Er wil een klein en vriendelijk
konijn in komen, een grijze reiger, te
vermoeid om vleugels uit te slaan. En nog wel
meer, dat toch verdwijnt wanneer wij verdergaan.

M. Vasalis

AAN EEN BOOM IN HET VONDELPARK

Er is een boom geveld met lange groene lokken.
Hij zuchtte ruisend als een kind
terwijl hij viel, nog vol van zomerwind.
Ik heb de kar gezien, die hem heeft weggetrokken.

O, als een jonge man, als Hector aan de zegewagen,
met slepend haar en met de geur van jeugd
stromende uit zijn schone wonden,
het jonge hoofd nog ongeschonden,
de trotse romp nog onverslagen.

Menno Wigman

VONDELPARK

Hoeveel avonden zaten we niet
   aan het water, rookten te veel,
vergaten in ons hoofd te staren
   en laveerden traag terug naar bed,
onverzadigd als het zomerbloed
   van die verdoofde nachten,
lamzalig van genot en nieuwe
   sprookjes machtig?

De stad was toen een blonde kroeg,
   een toren van extase,
en midden in het park bestal
   de zon de tijd de dag,
we wisten niet meer wie we waren.

Nu is het donker. Nog één kus
   en ons bed zinkt naar de bodem
van de nacht – zo dankbaar,
   zo onvatbaar snel.

Jan Kal

VROEG IN HET VONDELPARK

Dit lopen in de marge van de morgen.
De bleke zon geeft van geboorte blijk.
En nu al nemen spreeuwen vlug de wijk,
als kwam ik ze voor een geluidsband worgen.

De tulpen staan in het gazon te kijk,
maar schulpen ruimte af om half verborgen
voor een vervullingsvolle taak te zorgen.
De thuisblijvers hadden weer ongelijk.

Bevruchte vroegte, waaraan crocussen
geen deel hebben, want onder het plantsoen
zijn ze tot volgend jaar bolvormig veilig.

Trompetnarcissen spelen chorussen
haast niet, zoals Miles Davis dat kan doen.
Wat hier voorzichtig plaatsvindt is zeer heilig.

Meertje Kaal

VONDELPARK

Zoals ik elke dag een uur
het park betreed
als op een kurken mat
zo leef ik jaren met het park
bijna als sponde

de wisselende jaargetijden:
het voorjaar bij de krenteboom
de zomer met de vissen
de herfst uitbundig als van zand
de winter soms met sneeuw
en meeuwen, haaks
op mussen van de zomer

en elke dag is
op mijn wandeling
het park veranderd
als een zee met eb en vloed

Dick Hillenius

HET INTERREGNUM

Er liep een Tibethaan in Artis
– mensen reizen veel, de tijd gaat dringen –
hij wandelde langs perken herten en antilopen
en ook de vicugna's trokken zijn bedroefde aandacht
hij blies een eeuwenlange hoorn
dat de hekken tot zand verweerden
en de bladeren lispelden als bidmolens
Rousseau heeft nooit mooier gezien

Nu komt pas het hoofdstuk
van dat de herten verdwenen
alle lichtvoetige dieren
Gevlekte wolfshonden joegen op vette lijven in de straten
beverratten, marmotten en de grote wombat
ondergroeven de slechtgebouwde huizen
regen smolt het puin tot klei

Mijn klein gebied ontsnapte
aan de aandacht van het groot gebeuren
ik was altijd goed voor padden
en Lycaon was ik zelf
toen Redunca voortvluchtig

als de duif komt met olijven
of een kleine hagedis
zou ik opnieuw de moed hebben?

Mag ik zinspelen vroeg ze
en kwam mijn tuin binnen

Hanny Michaelis

Op een bank in Artis
zitten ze met hun drieën
overgewipt uit het tehuis
voor joodse bejaarden. Eens
waren ze moeders, hadden
ze een man, een familie.
Dat was vroeger, daar
wordt over gezwegen. Nu
praten ze met dunne
roestige stemmen alleen
nog over hun kwalen
en wat er gisteravond
op de televisie was.
Tussen dieren in kooien,
bloeiende struiken, rode
en gele tulpen, omdrenteld
door tientallen gezinnen,
staren ze voor zich uit:
dochters van de 19de-eeuwse
assimilatie die hen toen ze naar
het voorbeeld van de revolutie
met smaak haar kinderen vrat,
in een kwaadaardige vlaag
van goedertierenheid heeft gespaard.

Nico Scheepmaker

HET FIRMAMENT

Dit is mijn stad, waar in het Vondelpark
de boterbloemen mensen zijn geworden,
die in een door Le Roy geschapen orde
uit heel de wereld zijn bijeengeharkt.

Zij zitten overdag bij 't Monument
te luisteren naar 't getokkel van gitaren,
terwijl de Amsterdammers naar ze staren:
niet een die hier zijn eigen jeugd herkent.
Maar wel de droom ervan: een vaag besef
dat dit het was wanneer je op je rug
de lucht bekeek, met alle sterren aan.

Maar ja, je had geen rugzak en geen lef,
en keerde haastig weer naar huis terug
als het je tijd werd om naar bed te gaan.

Judicus Verstegen

VONDELPARK

Daar in het park. Een man leidde de dans:
een bal – over zijn armen, neus en haar.
Ik zag de knoppen, zwanger van 't voorjaar,
een zwarte dog rook, rood gepunt, zijn kans.

Zie, naast mij op de leuning ligt de hand
die 't sterven streelde uit mijn moede huid.
Als ik mijn vingers om de hare sluit,
lopen wij haastig naar de zonnekant.

Daar, bij een klein orkest, luisteren wij.
De geuren van narcis en hyacint
verzoeten Mozarts bitterste g-moll.
Op rolschaatsen, de handen in de zij,
zwiert, doelbewust, geen aarzeling, het kind
en schrijft met onze naam de paden vol.

K. Schippers

IN HET PARK

Niet de agent met de fiets
hij staat bij het blauwe theehuis
niet de man bij de vijver
wat hij ziet weet ik niet
ook niet de vrouw met de kinderwagen
die in deze richting loopt
maar de oude man op de bank
en ik op de andere bank
wij kijken beiden
hoe mijn tapijt van broodkruimels
een tapijt van mussen wordt

Max Dendermonde

EEN STADSMUSEUM

Handhaaft arcadia hier zijn klassieke rechten?
Vroeg in de morgen, nu vogels hun dictatuur
voor korte tijd over de gladde vijvers leggen,
is alles nog archaïsch, tijdeloos van duur.

De atmosfeer is hier een eeuw gelijk gebleven,
anders dan in de stad, waar alles stroomt en woelt:
elke decade opnieuw een modern soort leven.
Geen houvast meer in stijl, denken, bestaansgevoel.

Met innovaties en het onvoorziene doende,
vormen wij een niet te doorgronden maatschappij:
wat vandaag is, is morgen niet, het gaat voorbij.

In dit burgergroene Vondelpark daarentegen
is de beleving godlof als vanouds gebleven:
democratisch stadsmuseum van de seizoenen.

Carla Bogaards

DE HORTUS BOTANICUS IN FEBRUARI

Midden in de winter
als het sneeuwt
deinen zoetjes in de tropische kassen
groene palmen. Midden in de winter
als de sneeuw duizend laaggesnoeide heggen bedekt
sluipen dieven door de tuin,
pas op, ze stelen orchideeën.

Midden in de winter
als het grint van de paden tussen de perken
koud is als poolijs
geurt het zoet en warm naar Thaise soep
in de tropische kassen.

Remco Campert

HET LIED VAN DE JONGENS
VAN HET VONDELPARK

Met de tram gaan ze naar hun werk
als de schemering valt
de jongens van het park

bleek en afgetrokken
goedkope broeken aan
dunne truitjes
kettinkjes van doublé

het gezicht van hun moeder
haal je direct uit het hunne
de jongens van het park

in het struikgewas
tussen de bomen
wachten ze op de eenzame kamerbewoner
huisvader, de verdrietige boekhouder
de bange notaris

als de Volkswagen langskomt
trekken ze zich in het duister terug
even maar
de politie is hun beste kameraad

soms is het warm en zijn er sterren
maar vaker is het koud, valt de regen
is het park als een kwade droom
als je kind bent
met de goedkope zakkam
gaan ze steeds door hun haar
de jongens van het park

later komt oom hen halen
oom met het perkamenten gezicht
de streepjes van wenkbrauwen en de dunne mond
oom met de flonkerende ringen
aan elke hand twee

weer zitten ze in de tram
de nacht is nog jong, zegt oom
en klopt ze op de dij
met kille bemoediging
en vangt het verdiende geld
van de jongens van het park

# BUURTEN/CULTUREN

Jean Pierre Rawie

ADRESSEN

In het verhaal van mijn twee steden
is het vooral in deze stad
dat mij meteen weer is ontgleden
wat ik het meest heb liefgehad.

Mijn Amsterdamse perioden
meet ik als vanzelfsprekend af
aan onvergetelijke doden
om wie ik onvergeeflijk gaf.

En altijd loop ik in den blinde
door de bekende buurten rond
om iets van vroeger te hervinden
wat ik ook vroeger nergens vond,

maar mij zal nimmermeer gebeuren,
aan deze gracht, in gene straat,
dat een van de vertrouwde deuren
als vroeger voor mij opengaat,

want achter deze gevels is er
in leven geen die op mij wacht;
De Houtmankade, Roemer Visscher,
Constantijn Huygens, Brouwersgracht.

Jan de Groot Jakobszoon

Hier scheurt een dijk, daar storten huizen neder;
Hier ziet men land, dat eertijds water was,
Veranderen door het schrikkelijk weder
In een moeras en een nieuwen waterplas...

Anoniem

Oude Meer gij zijt herrezen
Uit dien wilden watervloed
'k wil van U bewoner wezen
want Uw landstreek is zoo goed.

Theodor Holman

Hier in Amsterdam Noord
voor de televisie
met jou in de ene
en heineken in de andere

hier op dit bed van
fijne ribbeltjes stof
met ribbeltjes kussens

moet ik stiekum bekennen
de bohemien is dood

Richter Roegholt

RANSDORP

Voorjaar is vooral het groene land
Ransdorp en de geur van vroeger
de vogels als gek aan het schreeuwen
of stil op een paal
het weiland is nog schraal maar straks
wordt het van binnenuit verteerd door kleur
dan is het rood van zuring zover je kijkt
of geel zodat het pijn doet aan je ogen
kinderen plukken bloemen dat doen ze elk jaar
een geur van vroeger wandelt met je mee
lopend van Durgerdam naar Ransdorp
de dikke toren in het land
en zwanen op hun nest hoe was dat vroeger
geen twijfel alleen toekomst was er toen
nu is er alles wat niet werd volbracht
voorjaar is weiland en de geur van vroeger

Jan Pieter Heije

Wel in de Plantagie daar is er een kroeg
Al onder de groenen bomen,
Daar drinken ze laat en daar drinken ze vroeg,
Daar drinken ze nooit haast jenever genoeg,
Mijn lief zei: ik mag er niet komen!

Jacob Israël de Haan

ONRUST

Die te Amsterdam vaak zei: 'Jeruzalem'
En naar Jeruzalem gedreven kwam,
Hij zegt met een mijmrende stem:
'Amsterdam. Amsterdam.'

Maurits Mok

DE JODENBUURT

De Jodenbuurt van Amsterdam,
waarboven hoog de Zuidertoren
zijn klare weg ten hemel nam
en stond als in een droom verloren
die nimmermeer ten einde kwam;

de warme ruige Jodenbuurt,
wier daken naar de grijze toren
aandachtig hebben opgegluurd,
of zij de stilte wilden hooren
die alle aardsche doen bestuurt;

zij is vereenzaamd als een bruid
die men de liefste heeft ontnomen;
zij zwijgt en zwijgt, haar stemgeluid
dat als een waterval kon stroomen
liep plotseling in de stilte uit.

Hier heeft het wonderlijke ras
dat met het stigma der genade
de eeuwen door geteekend was,
zich op zijn aardsch geluk beraden,
opdat het van zijn droom genas.

Maar in de gretige gezichten
stond als een nauw te lezen schrift
een trek van nimmer te verlichten,
stille weemoedigheid gegrift,
terwijl zij hun bedrijf verrichtten.

Want voor hen zelven onbewust
bleef altijd het verlangen knagen
naar Hem, die eenmaal toegerust
met goddelijke macht zou dagen
aan de verborgen hemelkust.

Zij brachten in het kille Noorden
een gloeiend Oostersch element;
van humor fonkelden hun woorden,
een wijsheid die niet doodt of schendt,
maar glimlacht als een steeds bekoorde.

En waar hun bonte schare kwam,
daar werden Hollands regenluchten
verjaagd alsof een helle vlam,
die alle nevelen deed vluchten,
haar weg door deze streken nam.

Wie in de Jodenbuurt verdwaalt,
peinst als een mensch die iets wil vinden
dat nooit kan worden achterhaald:
een droom, de schim van een beminde...
Zoo peinsde Job eens op zijn vaalt.

Willem Wilmink

EERSTEJAARS IN AMSTERDAM

Zijn woonwijk viel hem achteraf pas mee.
Die was gebouwd volgens een laat idee
van de Amsterdamse School, met excentrieke
vensters, en ingekapselde portieken.

De huizen leken geestelijk gestoord,
en hoorde hij in bed het Muiderpoort,
het luidsprekersgeluid bij het rangeren,
dan wist hij dat hij nooit terug kon keren
naar 't argeloos bestaan dat hij verliet.
Ook had hij zijn accordeon hier niet,
want hij begreep dat intellectuelen
iets hogers doen dan op een trekzak spelen.

Toen kwam het voorjaar en het deed hem pijn,
hij dacht weer aan dat meisje, fel en klein,
dat hij gekust had op haar mond en oren,
beseffend dat hij daartoe was geboren.
Als hier een vogel floot, dacht hij: arm dier,
zoek toch een beter oord... wat doe je hier?

Bezichtigde de Oude Kerk nauwkeurig.
Wat toen gebeurde, stemde hem zeer treurig:
een vrouw die ouder dan zijn moeder was,
wenkte hem en ze tikte tegen 't glas.

Hij schaamde zich, maar liet het haar niet merken,
en werd voortaan voorzichtiger met kerken.

De vreemde studie zonder samenhang
kwam aarzelend en kommervol op gang.
Hij ging een enkele keer naar jaargenoten,
beter dan hij met leren opgeschoten.
Ze woonden bij het Spui, in de Jordaan,
of op een bootje dat echt kon vergaan.

Ze keken vrolijk uit op vele daken,
je kon er zo een schilderij van maken.
Ze hadden allemaal een grammofoon,
en zelfs een meisje vonden ze gewoon,
met wie ze tussen zelfgeverfde muren
lagen te vrijen in de middaguren.

Terwijl zij zo zichzelf konden bewijzen,
was hij alleen, en las hij Hans Lodeizen,
steeds naar dezelfde versregels op zoek
en naar die foto aan 't begin van 't boek:
die deftige en toch zo stille jongen,
die zich van zijn bestaan had losgezongen.

Maar als je dan weer naar college ging,
was er geen plaats voor die bewondering,
want letterenstudenten moeten leren
om zonder warmte dingen te beweren,
waarbij in elke zin een voetnoot hoort.

O, jammerlijke Oudemanhuispoort.

Jan Wit

AMSTERDAM

Zij stroomden samen van zijd en wijd
rond een kleine kern van grootdoenerij
en naast de stad van laaghartige gevels
groeide een stad van hevige masten.

Ze hadden hun harten gezet
op zaak en vermaak, beheer en behoren.
Ze kenden de waar, de wijn en het water,
Kannietverstan en zijns ongelijken.

Jiddisch, Hebreeuws en Ladino,
Frans, Duits en Engels en Hoogbargoens,
van mond tot oor en van hand tot oog.
Nog staat het geschreven en gedrukt.

O Amsterdam, wat was je mooi,
mooi en mistroostig, rijk en armzalig.
Wat blonk in je eeuw waren tranen van vrouwen.
De zielverkoper kreeg lijven te over.

Wat er overbleef na de ondergang van
Jeruzalem van het Westen, dat zijn
pruilende praters en stille vennoten
in een amorfe zwartgallige stad.

Paul Gellings

RIVIERENBUURT

Vanavond op de kaart gezien waar ik
het kind van ben. Hoe groot het is.

Wie niet begrijpt wat eenzaam is
moet daar een keer uit dwalen
gaan. Liefst na de laatste tram.

Pleinen over, waar portieken
gapen, stapels erkers zij aan
zij verrijzen in de nacht –
was Kafka architect geweest,
dan had hij dit bedacht:
toekomst veranderd in
verlatenheid. Nieuw in oud.

Wie niet begrijpt wat eenzaam is
moet daar een keer uit dwalen gaan.
Of thuis onder de lamp.

Wim Brands

In het oosten van Amsterdam tref je
aan het water de laatste rafelrand
van de stad.
Een ijzeren tuin zie je daar bijvoorbeeld,
schroot zo opgesteld dat je je op een mistige dag
in de hortus van Hein waant.
Tussen het oud roest liggen putdeksels,
stille getuigen van verbazing.
Niemand weet meer waarover.
Ga erheen als je somber bent,
de aanblik stemt vrolijk.
Zoals ook de enige regels van de maker,
de man die zich noemt de ijzeren dichter:
het moet zo zwaar het kan niet lichter.

Rob Schouten

DE PIJP

Van mist en januari is de binnenstad
maar kleumen loont, puffende snackspelonken
en op gezette plekken Klein Versailles,
mooi ook het pestilente wagenpark.

Daar steekt een hopeloos geval zijn hand
popelend in een prullenmand
en siert bedwongen mededogen mij.

In de natuur moet het bijzonder boeiend wezen
en men herkent er de karakteristieke vogels;
buiten de dampkring houdt het weer op.

Maar van een holle, rammelende stad
smaakt het humeur even voortreffelijk.

Maria de Groot

PLANTAGE

PLANTAGE MUIDERGRACHT
Stervend in witte veren schreeuwt zij om god
de grondakker, de gistende gier onder de vloeren
boven de maalstroom woon ik
vroedvrouw aan het doodsbed van de stad.

ARTIS
Huiswaarts keert de schreeuw van steppedieren
omtuind in de houten omheining
en hier
dringen duinen de stad binnen
schrijven in zeeschrift
dwaas beeld van traan en vis.

HOLLANDSE SCHOUWBURG
Twee sterren verschenen zijn
boven de stad
– doder van sabbatskind
  te wapen –
drie sterren verschenen zijn
boven de stad.

VICTORA REGIA
De maanvrouw bloeit in de nacht open
zij trouwt

met het onderaards water
zij rouwt
op de dodenakker
zij drijft
Plantage plaats waar ik blijf.

Kees Winkler

BUITENVELDERT

Het zonlicht speelt door het zomerse groen
de wind waait zacht door de bladerkronen
kalm ligt de dag in de schaduw der bomen
mals is het gras met het opgaand plantsoen

Langzaam ben ik van de tuinstad gaan houden
haar torenflats en haar vliegtuiglawaai
met straten genoemd naar vergeten landouwen
en huizen gebouwd in een handomdraai

Ik weet nog dat buiten de Stadionkade
er niets was behalve een vlakte van zand
toen kwam de Goudkust en onderdehand
ontstond er een stadswijk met pleinen en straten

Daar heb ik mijn huis met een tuin voor en achter
een zonneterras en een bloeiende roos
het zomergroen ruist in mijn achtergedachten
sinds ik Buitenveldert als woonplaats koos

Jan van Aken

KAUKASUS

voor nam kee's kralengordijn met de opvliegende
 kraanvogels
rinkelen de blije tamboerijnen zingen een dwerg met
 gitaar een
bleke reuzin en een stuk of wat oudjes met
lijkstijf gebeitelde glimlach in de regen; allen in uniform

natte lampions op de klinkers rood als pekingeenden
wentelen achter het raam rood de meisjes in kijkdozen

De wereld in een snoeppapiertje
zegt elena die naar ze zwaait

in haar linkerhand klemt ze haar
halssieraad – een kristal uit de
kaukasus in zilverfiligrein aan een ketting

even een volmaakte kolk in de mensenzee
een stroomlijn blindelings

in de buigende huizen blauw weerlicht
maar zij buiten verbergt
het hemelvuur onder haar jas
vastbesloten tot sintel te verassen
voor het aangrauwen van alledag

Andreas Burnier

KROMME WAAL

In de avonddeur bruine schemering
glimlacht de prostituée: ting, ting, ting
als een voorbarig mechanisch klokje,
speeldoos die zijn vale liedje zingt,
want een kind liet het vallen.
Drakeprinses met je dikke, verlepte: ting, ting
geniet nu van het koffiekleurig licht
laat je strelen door vingers van schemering
op je krijtwitte wangenrotsen.
Straks komen morsige mannen hun ding
vertonen en even warm leeglopen: ting, ting.
Bomen ruisen, het water stinkt, schepen
verzinken tussen traag rottend weggegooid
gruis. Een knaap die het vechten jong leerde
snuit in het voorbijgaan zijn neus.
Een eenzame vrouw laat een bijtende hond uit.
Begrijp er maar niets van, lach nu nog even
met ogen vol as en bittere lippen.
Iemand die langsging heeft je gezien.

GEBOUWEN

Anton van Duinkerken

DE VRIJE SCHOUWBURG

Hier zocht de dwinglandij een vrije kunst te knechten,
Hier stuitte haar geweld op Gijsbreghts fiere woord:
'Dat mag men dan bezien, wij zullen er om vechten!'
De storm van deze strijd heeft Amsterdam gehoord.

Haar burgerij bleef trouw aan wie de wapens voerde
Van 't geestelijk verzet om Hollands hoogste goed.
En toen de dwingeland ons hart en lippen snoerde
Gaf Amsterdam ons kracht, gaf haar vrij volk ons moed.

Weest welgekomen thans, die lang zijt weggebleven
Uit deze schouwburg, schoon de kunst u dierbaar is.
Gij hebt beseft, dat waar de vrijheid is verdreven,
Het spel geen troost meer biedt, doch enkel ergernis.

Als landverraders zich met 's lands cultuur bemoeien
Is voor 's lands kunstenaars afzijdigheid een plicht,
Want geen toneelkunst kan bij drogverzinsels bloeien
Zij stelt van 't leven zelf de waarheid in het licht.

Albert Verwey

BIJ EEN DAM VAN BREITNER

De stad staat stil en 't plein dat al zijn zijden
Stadhuis en Kerk en Beurs bestijgen ziet.
Maar grijs en steen, schoon 't avondt, sterven niet,
Want straat en geevling, paarlend leven beide.

En als gestald in diepe hof, verbeiden
Daar trams en paarden d' afrit, zie er schiet
Een al vooruit daar 't volle volk vervliet
Rondom, en enklen stil het plein op schrijden.

Dit is 't hart van mijn stad, die Dam, die honderd
Gedachten daaglijks togen in mijn droom
Tot hij er heel en al verzilverd stond.

Nu heeft een kunstenaar die ik ken die stroom
Van stadsvreugd tot een beeld gerond: verwonderd
Zag ik dat aan: 't was of 'k mijzelve vond.

Pieter Cornelisz Hooft

OP DE BEURS TE AMSTERDAM

Godinnen slibberglad des Amstels, die de voet
van dit zwaarlijvig werk belikt, wilt u niet belgen,
Dat gij benauwder speelt met uw zwierende vloed.
Hier waar ze kelen vijf met kunst gemetst verzwelgen,
De Beurze rijst er, tot ontvang der volken vremd,
Van de langarmde zee, de vader aller meren,
En van uw maagschap dat aan 's wereld bodem zwemt
Gezonden om uitheems uw schulpen te stofferen.

Jeremias de Decker

DE AMSTERDAMSE BEURS

Hier heft zich uit de grond des Amstels naar de wolken
Een plaats die 's middags krielt van allerhande volken.
Een wandelpark waar Moor met Noorman handel drijft.
Een kerk waar Joden, Turk en Christen vergaren.
Een aller talen school, een marktveld aller waren,
Een Beurze die alleen al 's werelds beurzen stijft.

Constantijn Huygens

GELUK AAN DE E. HEREN REGEERDERS VAN AMSTERDAM IN HAAR NIEUWE STADHUIS

Doorluchte Stichteren van 's Werelds Achtste wonder,
Van zoveel Steens omhoog op zoveel Houts vanonder,
Van zoveel kostelijks zo konstelijk verwrocht,
Van zoveel heerlijkheids tot zoveel nuts gebrocht;
God, die u Macht en Pracht met Reden gaf te voegen,
God, gev' u in 't Gebouw met Reden en Genoegen
Te tonen wie gij zijt, en, daar ik 't al in sluit,
Heil zij daar eeuwig in en Onheil eeuwig uit.
Is 't ook zo voorgeschikt, dat deze Marmermuren
Des Aardrijks uiterste niet hebben te verduren,
En, werd het nodig dat het Negende verschijn'
Om 't Achtste Wonderwerks nakomeling te zijn,
God, uwer Vad'ren God, God uwer Kind'ren Vader,
God zo nabij u, zij die Kind'ren zoveel nader,
Dat hare Welvaart nog een Huis bouw' en bezitt'
Daar bij dit Nieuwe sta als 't Oude stond bij dit.

Gerrit Kouwenaar

WEG/VERDWENEN

toen het gebouwd werd
toen het gebouwd was

toen de hoeden hoog
toen de lonen laag waren

toen het ijzer onbrandbaar was
toen het verbrandde

toen het goed was
toen het geslecht werd

nu het weg is

mijn vader liep hier met mijn moeder
tussen vadermoorders en wespetailles
en mijn oom verkocht grappen of granen
en mijn tante speelde whist of piano
en mijn grootvader tijdens de tien-
daagse veldtocht geboren, stierf eenzaam aan kanker
in negentienhonderd, ook hij
tevergeefs, en ik
ik luisterde alvast voor zover
ik oren bezat, spelend met mijn vleugels

en later in de jaren van de grote brand
en die ochtend van veel nadorst
en gesponnen suiker, zó koud dat er
een taximenner doodvroor in zijn spijker,
was het mode onder een smalle broekspijp
zebrasokken te dragen
staande naast de brandwacht

het duurzaamst bouwen is het breken.
er is ochtend of avond, daartussen maken seconden
zich eeuwig, voortdurend
moeten er foto's gemaakt: zoveel averechts steen
is niet bij te houden met licht.

wie 's ochtends voorbijgaat ziet 's avonds een geest.
er wordt gesloopt bij het leven.
elke seconde een doodsbed, elke dag
een vakkundige keizersnede.

eerst steen, dan puin
en zo is eensklaps afwezigheid
leegte

Karel Soudijn

STEDELIJK MUSEUM

in het stedelijk museum is altijd wat te zien
meisjes per bus aangevoerd
die proberen hoe dicht ze met een vinger
bij een schilderij kunnen komen zonder het aan te
    raken
mooipratende oude dames
en
ja daar komt hij
de kunstenaar
die op verzoek van de fotograaf
met brede armen de trap afdaalt
een maatkostuum rond de lippen

Henk Spaan

HET OLYMPISCH STADION

Een grijze zondag in vak B
De geur van opa's winterjas
DWS moest tegen MVV
Zacht sneeuwde het sigarenas.

Een zomerdag, het was nog vroeg
We kochten kersen aan een kraam
Ik en mijn vader, het was genoeg
Er reden renners in de baan.

In het gras stond Rudi Altig
Op zijn hoofd en
Straks kwam Tiemen Groen
Mijn vader had het zelf beloofd
En Maspes met zijn kattensprong
En Timoner en Noppie Koch
De zon scheen, ik was negen jaar
Zo jong
En zo geestdriftig nog.

De avond viel
De laatste stralen van de zon
Streelden het oude stadion.

Ed. Hoornik

RIJKSMUSEUM

Zijn warme hand koelt zich aan 't koper
der leuning, als hij opwaarts gaat,
zijn voeten zakken in de loper,
alsof hij over weiden gaat.

Dit is van 't stilste huis de drempel,
die hij behoedzaam overschrijdt,
dit is van Amsterdam de tempel,
waar 't licht het zuiverst binnenglijdt.

En al wat woelde in deze landen,
en eeuwig werd in mensenhand,
is hier geborgen aan de wanden,
en vreemden huivren van die brand.

De donkre blik dier late vrouwen,
die zelf niet wisten dat hun oog
door de eeuwen heen zou blijven schouwen;
– Mattheus staat er peinzend – vloog

een vogel langs toen zíj poseerde,
die nóg in verten staart, en dacht
zij lang hoe die naar 't Zuiden keerde,
waar zij niet zijn kon? – Waarom lacht

zij dan met ogen dromend open?
Hief één de spiegel? – En dit hart,
dit hart dan, dat niet meer kon hopen? –
Werd zij door 't eigen beeld verward?

Der vruchten glans op zilvren schalen,
wie ziet dat zó? alleen een kind
– daar is 't buffet, wat moet het halen? –
dat plots blijft staan; het hoort de wind,

die ruizelt in de grote bomen
in donkre tuin, het ruikt het fruit,
dan hoort het zacht zijn moeder komen
en merkt dat die de blinden sluit.

En al wat vrouw is: vrucht en rijpen,
is licht geworden; zie, de bruid,
hoe klaar moet hij 't ineens begrijpen:
dit is geen droom, dit is het fruit,

dit is het zachte, diepe glanzen
der beelden in de spiegelruit,
dit is de vrouw, dit is het ganse,
dit is... dit is de Joodse bruid.

De meisjes, die zijn langsgekomen
– soms kleurden zij –, zij stonden lang
(was dit de kern niet van haar dromen,
maar nooit zo naakt?) en werden bang

en stil; o, zouden zij niet schromen
voor deze hand? hoopten zij niet,
dat zó zou worden weggenomen
wat hen des nachts niet slapen liet?

Zie, over zíjn hand komt de hare;
't is deze, die, van onrust zwaar
– nog voller dan de ogen staren –,
haar wezen opent. O gebaar,

dat geen gebaar is, maar het beven
voor alle pijn en lust; 'o zoon,
die eenmaal in mijn schoot zal leven...'
Mattheus zegt het zacht: 'o zoon...'

Vaag hoort hij mensen tot hem praten,
dan schieten ijlings zaalchefs toe;
'dit is 't gesticht', denkt hij gelaten,
en laat dan alles aan zich toe.

Maar schrikt, vliegt op: 'de broche, wie heeft ze,
ik heb gezien dat hij ze gaf,
ik heb het zelf gezien, o, geef ze
terug, wie nam de broche haar af?'

Mattheus huilt, suppoosten brengen
hem weg ('de bruid heeft hem verward',
roept één) – dan voelt hij 't in hem zengen:
het kruis, het anker en het hart.

Han G. Hoekstra

GASTHUISMOLENSTEEG

Er springen liedjes uit de Westertoren.
Ik hoor ze in de Gasthuismolensteeg.
Er waren jaren dat de toren zweeg,
toen kon men andere geluiden horen.

Twee jongens werken met een korte ruk
hun slee de brug op. De ene draagt een jekker
en commandeert, plat op zijn buik, de trekker.
Ik ken dat nog. Die slede. Dat geluk.

Een vrouwtje, als mijn moeder al zo oud,
steekt de straat over. Een man helpt haar even.
Ik doe niets. Ik kijk zo maar naar het leven
en denk hoe eindeloos ik ervan houd.

VERVOER

Remco Campert

PIROPO

Staande in lijn 16 richting huis
(altijd weer naar huis, waarom?
ja los dat zelf maar op)
zie ik ter hoogte van de Prinsengracht
de mooiste vrouw lopen
waar in het voorbijgaan
ooit mijn oog op viel

ontredderd tram ik verder

*'een mooie zwarte vrouw in Nederland
is als een wilde roos op een parkeerterrein'*

'o mocht ik je plukken!'

Herman Leenders

(3)

Ik zit in de tram.
Een meisje zeemt de ruiten op de eerste verdieping
van een herenhuis langs de dam.
De winterzon weerkaatst in het gelapte raam.

Zij lacht naar mij
minzaam als een Mariabeeld achter glas
naar een bedelaar zonder benen.

Thuis is de kachel nog warm
en de koffie in haar kopje.
'Goed voor jezelf zorgen.
Ik zie je morgen.'

Jan Kuijper

LATE RIT

'Opstaan voor iemand, misstaat niemand' staat er.
De tram is leeg. De lussen hangen stil.
Dan zwaaien ze, als iemand nog gauw wil
instappen, en vooromloopt. Een tram later
komt hij wel thuis. Zijn wit gezicht met bril-
leglazen schuift onder mij langs. Wie raadt er
wat er in dat hoofd omgaat? Nog geen pater.
Ik wel. Denk aan een vluchtheuvel. Een ril.

'Planciusstraat' is 't einde van de rit.
Dat is al lang zo. Meer dan vijftig jaar.
'Het smalle pad' liep hier eertijds. Vandaar
de Christelijke kleuterschool. Als git
het brede water. 't Stroomt. Waarheen gaat dit,
naar zee? De Zoutkeetsgracht gaat nergens naar.

Ad Zuiderent

OP DE HOGE SLUIS

Ik kwam op een zadel uit de stad;
benen onder mijn gat maalden wat.
Ik genoot dat.

Zie je, zei je, van dwars op de stang
voor mijn neus, tussen armen en stuur,
hoe de stad al zwart als gebergte
maar blauw nog een stuk van de lucht
en de Amstel een pijl van haar licht?

Ik omhelsde je vraag, die klonk
als de klok van elf uur, met een antwoord
van stilstaande benen, genoot
van de avond die maar geen nacht werd,
van jou en die pijl naar de stad
zwabberde wat.

En de tram met silhouetten opzij,
zonder hoofden, reed kaarsrecht voorbij
naar het eindpunt, de verlichting
was aan, en niemand erin.

Benen onder mijn gat maalden wat,
water, snippers van licht,
liefdesgewicht.

Ted Vierhout

AMSTERDAM MUIDERPOORT

Ongetwijfeld bedacht
door een bouwheer,
gek geworden
van een verblijf
van drie jaar of langer
onder de grond:
gore gele glazuurtegels
aan alle wanden van de
kronkelende, nauwe,
sfeerloze,
de galm van brullende kinderen
oneindig versterkende
gangen
waardoor zich
op onzalige uren
honderden hollende mensen
persen, op zoek naar
treinen
in allerlei richtingen
teneinde
zo gauw mogelijk
weg te komen van dit
grootste urinoir
ooit gebouwd.

Edsard Berger

AMSTERDAG

Op zaterdam naar Amsterdag
of minder zat: op z. naar A. per a.
per ongeluk op een verkeerde gracht
bij 471: geen boot
geen beet
(een drol drijft langzaam Amstelwaarts)
geen 4711
gek, in de gracht: keg
gewoon: golfjes ≈ ≈ keg
met huizen vol drux en segs
of: huizen druk met sex
doodgewoon de Kalverkopsedamstraat
door, shop in, boutiek uit
le café ist fertig, der thee is ready
heerlijk helder Hei- en Zeineken
hollands op z'n smalst
to V&D, to P&C
let's pay, let's say:
on saturdam tot Amsterday

Henny van de Louw

LIJN 4

Op een vrolijke avond, onbelemmerd door het drukke
dagverkeer
zzzoeft! – lijn 4 door de Van Woustraat,
lekker hard over de wissels en dan, na de
    Utrechtsestraat,
zo door die piepsmalle Bakkerstraat
nèt weer niet
de Amstel in
want met een prachtige – en goed genomen! – bocht
nog éven harder
om door de stoplichten van de Munt te komen.

Lévi Weemoedt

ONDER LIJN 4

De werkers kwamen fluitend van karwei,
staken de rijweg over, dromden rond de halte.
De adel van hun kracht beschaamde mij:
triest hing daartussen, zinloos, míjn gestalte.

Een eerlijk broodblik priemde in mijn kraag,
een zwaar beslagen schoen rustt' op mijn tenen.

Mijn leven had nog nooit zó leeg geschenen:
ik had alleen een plaat gekocht vandaag.

O! 't Liefst zou ik van hen hier voorman wezen
en legde in één gebaar de hele haven lam!

Maar ach! Voor morgen staat een boek op het program.
En dan maar weer een plaat: men kan niet eeuwig
    lezen.

Victor E. van Vriesland

MUIDERPOORTSTATION...

Muiderpoortstation:
Tocht er door hun schimmen
Nog een stroom van lang,
Lang vergeten namen,
Lang vergeten ogen?
Zullen wij nog weten
Dat wij ons vergeten
Zijn vergeten?

Hans van Straten

AMSTERDAM BLUES

September de seizoenen keren
als trams bij het Centraal Station
de wolken krijgen witte veren
de wereld is een luchtballon
van Scheltema lopen wij via
de Kalverstraat naar tante Mia
en 't najaar schuift weer puur en frans
langs onze snorren en gezichten
langs etalages met gedichten
en pornografische romans

DE STAD

Hans Andreus

AMSTERDAM

Kalme dans van diademen.
Stad waar ook reigergrijs
warm kan zijn als een mens.

Stad als een mussenhorde.

Stad als een oude actrice:
rechtop en rustig
laat zij zich huldigen:
vrienden en bezoekers buigen zich,
raken de tip van haar kleed aan.

Stad als een mussenhorde.

Spiegelend, spiegelend,
verliest zij zich zelden in haar beeld.
Zij kijkt en laat gaan, laat gaan.

Nergens glimlacht een stad
zo ironisch en zacht in de zon als jij,
boven en rondom de mensen,
de vlugge mussen, de luie mussen
en de dito mensen.

Mischa de Vreede

EEN DROOM VAN EEN STAD

deze stad waarin ik woon
is voor mij zo belangrijk en zo gewoon
als ademhalen bijvoorbeeld
als het weer

hij zit me lekker en slecht
als afgedragen oud nachtgoed
van dat zachtgewassen uitgelubberde verkleurde
en naast onlangs nog gestopte gaatjes
toch weer opnieuw gescheurde
oude nachtgoed waar ik van houd
maar niet in gezien wil worden

ik trek het aan ga erin slapen
mijn gezicht in de geur van mijn handen
als ik mijn lichaam niet voel lig ik goed
wat ik horen moest hoor ik niet langer
door dichte ogen zie ik het donker
ik ben niet meer ik want ik droom
de droom die aan slapen vooraf gaat
de eerste droom van mijn nacht

    onverwacht stort nu het huis in
    het lijkt zich vooroverte buigen
    maar het kan niet buigen het breekt

het barst los in een valbui van baksteen
en door het raam dat niet meer een raam is
wordt mijn bed naar buiten geschoven
de dekens los en ik lig er in

de droom houdt op als ik zweef
ik zie mezelf nog vliegen
van driehoog boven zal ik vallen
en onder de boom waar vuilnisbakken staan
zal ik neerkomen op de stoep
van slachtoffer ben ik toeschouwer geworden
ik geniet van wat ik gezien heb
en zoek woorden om het rond te vertellen

o dierbare dierbare droom
verbeelding van onzekerheden
bevestiging van werkelijkheid
wie anders droomt je dan ik
ik in mijn eigen oud nachtgoed
in mijn eigen bed eigen huis eigen stad

o droom van een stad
amsterdam

Maurits Mok

REGENBOGEN BOVEN AMSTERDAM

Vaak wanneer ik Amsterdam denk, houdt de tijd
zijn loop in, breekt er een stilte aan
waar honderdduizend stemmen in verloren zijn,
begint een onderhuidse wond opnieuw
te bloeden, wordt de horizon
de drempel van een uitgebrand heelal.

Veel onbestorven leed is Amsterdam,
veel weggemaaide kracht, versplinterd licht
dat rondtast in het donker, energie
die naar een lichaam zoeken blijft en vindt
geen onderdak, geen bedding om haar reis
onder de sterren te voltooien.

Amsterdam is klokken met dubbele stem,
een die het ogenblik laat vallen, een die de jaren
verlossen wil uit hun vergetelheid;
het is water dat beelden van nu en voorheen
opvangt en uitwist, leven, onophoudelijk
in tweespraak met de dood.

Amsterdam is bewogen bestendigheid,
weemoed op zuilen van rust, een moeder
die om haar levende kinderen
niet één verloren kind vergeet,

stad die morgenlicht en ongedroogde tranen
met regenbogen overspant.

Hugues C. Pernath

AMSTERDAM (FRAGMENT)

Met deze stad heb ik mijn geboortestad gemeen,
De beginletter van het alfabet van mijn verbeelding.
En in het drukken van de dagen een vreemde
    vriendschap
Die nooit iets zal veranderen aan wat verdriet wordt
Of vergeten. Een rusteloosheid die mij doet denken
Aan de afgedankte dingen van die voorbije jaren
Waarmede ik mijzelf vervorm en verwar.
Ik aarzel in mijn eigen taal, maar verweer me
Met de tekens waardoor ik mijn vluchten vervang.

Amsterdam, onderweg naar de stad waar ik woon,
Waar misschien niets zal blijven zoals het vroeger was,
Zelfs niet het slenteren door onbekende straten
Of mijn verdwalen in het naderen van de nacht.
Ook ik zal ergens achterblijven, leeg en vervuild
Met de herinnering aan de hartslag van de uren
En het vermoeden dat het woord de vrijheid is.

Amsterdam, waar velen over spreken, maar weinigen
Wat voor doen. Waar de statigheid blijft stamelen,
Waar het verzet de vrede verzon, de laatste vonken
In de duisternis daarbuiten, Niet ontkomend
Aan de dagelijkse vernieling, of aan vele vroom
    bedoelde

Wonden. Terwijl de zeldzaam geworden bomen
   schudden
En hun stervende wortels, giftige snelwegen dragen.
In deze stad, waar vrienden mij mogelijk vergeten zijn.
Alles zegt weinig, maar niets niet genoeg.

Sybren Polet

O BABOE AMSTERDAM, O GAMMELE KALLA

Vannacht
    wil ik van de stad
een oude vrouw maken,
als Burgemeester & Wethouders slapen,
als de notabelen slapen.

En al haar oude, geëpileerde gedachten
    zullen weer opstaan als oud-illegalen,
meeëters kruipen uit hun holen
    als kelderbewoners en schijndode minuten
krieuwelen als luizen over haar huid.

En ik, tussen je rimpels en huidplooien, je
eeltknobbels en wratten beweeg mij er voort
– zoon van je oor, uit je oor geboren –
tussen al je andere oorbewoners,
je neusbewoners, je oog- en mondbewoners,
je aars- en onderbuikbewoners, je hoofdbewoners –
– Hoe laat is 't aan de tijd?
– Later.
O baba, o baboe Amsterdam,
    slaap, droom, beweeg
in je droom, o baboe Amsterdam.

O baboe Amsterdam, o gammele kalla, ouwe temeier;
o pieremagoggel, bolleboffin, behaarde hotemetoot;
o lollepot, ouwe flamoes, emmese oelewapper –

O baboe Amsterdam, o gammele kalla,
koester ons in je lichaamswarmte, je
slaap- en zweetgeur, je leefgeur –
je geur van mierikswortel & urine, van
gebrande koffie & hasj, van knoflookadem &
   grachtenwater,
van parkgroen & schimmel, van kattepis &
   balkonbloemen,
van uitlaatgassen & hippie-wierook,
van marktkaas, vis, kerry, zoetzuur, teer, bier, messen –
o baba, o baboe Amsterdam, o gammele kalla.
– Hoe laat is 't aan de tijd?
– Later.

O baboe Amsterdam, o giebelgeinig wijf,
laat je gebit plomberen met kiezel
   en niet met goud of emalje;
laat je grijze schaamharen niet scheren,
je rimpels en plooien niet rechttrekken
   door facelifters & andere spekulanten –
adem, baboe, snuif, snurk ze weg
   in je droom, gammele kalla.

Je oogwit & lichten gedempt, je ademwater
donker kanaalwater, je maanlicht, ijl en doorzichtig
als slaapwandelaars, bijna hemels van aardsheid –
mijn schaduw een straathond, schurkend
tegen je huid – o baba, o baboe Amsterdam –
   o gammele kalla,

ril in je droom van je af: autoriteiten, notabelen,
    spekulanten;
snuif, snurk ze weg en omarm ons, neem ons op
in je maanwarme lijf, o baboe Amsterdam, o gammele
    kalla.
– Hoe laat is 't aan de tijd?
– Later, later...

Willem Jan Otten

GRONDVEST

Het grondvest van de stad bestaat
uit gladde bomen, woud waarin
geen mens ooit doorgedrongen is.
Alwaar ik ga, denk ik een vaste
voet te zetten, maar mijn zolen
horen wat het kost om palen
in de grond te drijven: pijn
die dwars door asfalt voelbaar is.

S. Carmiggelt

DE AMSTERDAMSE KROEG

Ik hou zo van een oude, Amsterdamse kroeg,
die diepe bedstee in het veilig vaderhuis.
Hier is het 's winters warm en 's zomers pluis.
Hier krijg je vaak te veel en nooit genoeg.

Ik hou zo van de plompe, Nederlandse mannen
die ernstig drinkend, diepe onzin zeggen
en met een vage glimlach weten uit te leggen
waarom zij door het leven zijn verbannen.

Ik hou zo van de zware, moedeloze kastelein
die, met de blik van een verschopte herdershond,
het kleine glas tilt naar zijn grote mond.
Hij is mijn trouwe vriend – dat móét hij zijn.

Ik hou zo van de rafelige, oude vrouwen,
die voor wat losse centen hier een glimlach kopen
en dan, conspiratief, weer naar hun krotje lopen,
het flesje vol, om verder voort te bouwen.

Ik hou zo van de afgetrapte honden
die roerloos wachten naast des meesters voet,
tot hij, uit armoe, weer de straat op moet
met balsem op zijn alledaagse wonden.

Ik hou zo van het fonkelende drinken
en het 'nou ja' dat in je hart ontluikt.
Klein wordt de wereld, als ge wat gebruikt,
omdat de verten in het niets verzinken.

Ik hou zo van het eenzaam doch omringd
zitten te staren naar een tijd, die was
en langzaam doodbloedt in het spiegelglas.
Hoor 't stemmenkoor, dat Willem Kloos bezingt.

Ik hou zo van een oude, Amsterdamse kroeg
en van het zwijgend met gedachten spelen.
Alleen, het sluitingsuur, voor mij en velen,
komt steeds te laat en altijd weer te vroeg.

Victor E. van Vriesland

AMSTERDAMSE BOHÈME

De bloem der jeugd verflenst aan deze tafels.
De meisjes houden geen moment haar wafels.
De lucht is zwaar en ruikt naar alcohol.
Iedereen twijfelt aan zijn eigen lol.

De vrouwen hier hebben op haar gelaten
Geen spoor van het verleden meer gelaten.
Wij voeren ze verveeld en moe ten dans
Want authentiek is toch heur ogenglans.

Wij zoenen zonder lust elkanders meid,
Verslingeren ons geld en onze tijd.
Een veeg muziekje begeleidt het dazen
Van lege hoofden boven volle glazen.

Wij weten dat het hier hoogst ongezond is
Daar 't vaal vertier ontbloot van alle grond is;
Toch tijgen wij getroost weer alle nachten
Hierheen zonder onszelve te verachten.

Het liefste spreken wij over elkaar,
Beroddel jij mij? dat is geen bezwaar,
Want nauwelijks zal jij je hielen lichten
of ik zal op mijn beurt van jou berichten.

Wij krijgen van elkander nooit genoeg,
Want dit lijkt niet op een gewone kroeg;
Hoe zou ooit het gezelschap gaan vervelen
Van kunstenaars en intellectuelen?

De mensheid schrijdt al bijna ten kantore...
Nóg vullen wíj met Kunst elkanders oren.
Eén drankje nog; er hangt hier stank en rook;
Wanneer mijn buurman lacht dan lach ik ook.

Tenslotte staan we op het glimmende glad
Asfalt, en ook van binnen nogal nat;
Berooid, maar eigelijk niet ontevreden
Dat nu ook deze nacht weer is geleden.

Hagar Peeters

VERVALLEN STAD

Zijn plichtsbesef fluistert hem in:
de plank ontbeert het brood vandaag.
Vraag het de knopjes. Maak hen tot kegels.
Sla uit blaadjes harde munt vandaag.

Hij, koopman op de Albert Cuyp
– zijn vader was marktventer
zijn grootvader was het en zijn
overgrootvader & Co. evenzo.
Vele stambomen ver groeide het loof
onder hun handen vandaan –
híj weet als geen ander

van de uitheemse rot, mot en bergamot
waarin het Waterlooplein zijn
afdankertjes uithangt,
van de door naaldenbossen omzoomde
terrasjesoase op het Nieuwmarktplein,
van het bloedmooi bloemenrood welken daarachter,
in het uitzicht van ieders raam.

Jan Campert

VOORJAAR

O blinkend water van de kade,
o straffe wind, o voorjaarszon;
de schuiten liggen volgeladen
en helder klinkt het carillon.

Een meisje schuurt de blauwe stoepen,
een bloemenventer prijst zijn waar;
daarboven waaien brede groepen
van wolkenwit – naar waar? naar waar?

Gekwetst en slinks beroofd van dromen
was 't hart, vermoeid en vleugellam –
Ik ben zijn winter weer ontkomen
nu 't voorjaar wordt in Amsterdam.

Mies Bouhuys

AMSTERDAM

De gids zegt: kijk!
De gids zegt: look!
De gids zegt: regardez!
Hier schreef Spinoza aan een boek,
daar stroomt het IJ naar zee.
Maar daarom niet, maar daarom niet,
om wat een ander erin ziet,
blijf ik in Amsterdam.
Maar om de gekke geveltjes,
om al die groene grachten,
om al die lichte venstertjes,
blijf ik hier overnachten.

De gids zegt: Hier!
De gids zegt: There!
De gids zegt: Eh voilà!
Hier woonde 't laatste huisje rechts
Rembrandt met Saskia.
Maar daarom niet, nee, daarom niet,
om wat een ander ervan ziet,
blijf ik in Amsterdam.
Maar om de scheve kamertjes
waar anderen niets om geven,
vol vrouwtjes en vol mannetjes,
blijf ik hier heel mijn leven.

De gids zegt: Dam!
De gids zegt: Munt!
De gids zegt: Rembrandtplein.
Wij staan op een historisch punt,
waar u geweest moet zijn.
De gids zegt dit, de gids zegt dat.
Ik zeg alleen maar: gekke stad.
Alleen maar: Amsterdam.

Pierre H. Dubois

Te leven in een stad, waar grachten preevlen
een fluistertaal, die geen mond spreken kan,
waar mist en regen als een sluier neevlen
en 't hart gevangen houden in hun ban...

Te leven in een stad, stil en tevreden,
onder lantarens dwalen langs een plein,
in een café te zitten zonder reden
en weten dáár alleen gerust te zijn...

Te leven in een stad en onbesproken
zijn kleine dagelijkse gang te gaan
tussen de menigte, schuw en verdoken,
en zonder op iets anders acht te slaan...

Te leven in een stad, elk jaargetijde,
geen laaiend vuur, geen uitgedoofde vlam,
en toch tevreden zijn en bijna blijde...
Te leven in een stad als Amsterdam!

Bertus Aafjes

ACHTER DE RUIT

van Han G. Hoekstra

O zorgeloos en prachtig Amsterdam
– de ruit is in een aquarel herboren –
en duiven vallen rond de Westertoren
als dwarrelende bloesem rond de stam.

Een beiaardier, die aan het klokzeel kwam –
'lief Vaderland, vaarwel' klinkt me in de oren.
Dan jubelen de negen englenkoren
en storten schrijlings over Waag en Dam.

De ruit wordt door mijn adem grijs bezet;
het water stijgt. De zilvren stad loopt onder;
mensen noch duiven, niemand wordt gered.

Maar met de vinger teken ik een vlonder
en zie, een duif vliegt door het lichtspoor met
een tak olijf. De wereld is een wonder.

Joost van den Vondel

WILDZANG

Wat zong het vrolijk vogelkijn,
Dat in de boomgaard zat?

'Hoe heerlijk blinkt de zonneschijn
Van rijkdom en van schat!
Hoe ruist de koelte in 't eikehout,
En vers gesproten lof!
Hoe straalt de boterbloem als goud!'
Wat heeft de wildzang stof!
Wat is een dier zijn vrijheid waard!
Wat mist het aan zijn wens,
Terwijl de vrek zijn potgeld spaart!
O slaaf! o arme mens!
Waar groeien eiken t' Amsterdam?
O kommerzieke beurs,
Daar nooit genoegen binnenkwam!
Wat mist die plaats al geurs!

'Wij vogels vliegen warm gedost,
Gerust van tak in tak.

De hemel schaft ons drank en kost,
De hemel is ons dak.
Wij zaaien noch wij maaien niet,
Wij teren op de boer.

Als 't koren in zijn aren schiet,
Bestelt al 't land ons voer.
Wij minnen zonder haat en nijd
En dansen om de bruid;
Onz' bruiloft bindt zich aan geen tijd,
Zij duurt ons leven uit!'

Wie nu een vogel worden wil,
Die trekke pluimen aan,
Vermij de stad en straatgeschil,
En kieze een ruimer baan.

Gerbrand Adriaansz. Bredero

SONNET

Tot zulke grootheid zal Amstelredam nog komen
Dat zij in treflijkheid zal overwinnen Rome,
In deftigheid van raad, in mannelijk geweld,
In oorelogs beleid en machtigheid van geld.

Haar uitgeblazen faam zal snorren door de wolken
En dreigen met ontzag de wijd gelegen volken,
De Geel en zwarte Moor, de Turk en Perziaan,
Die zal haar mogendheid om hulpe smeken aan

En onderhandeling met haar als vrienden plegen
Met wissel of met waar naardat het komt gelegen,
En doen gelijkelijk afbreuk en wederstand

De Spanjaard, vijand van ons waardig vaderland,
Al door 't besturen van Godes voorzienigheden
En 't herelijk beleid der Staten onzer steden.

W.J. Hofdijk

AMSTERDAM

Amstels Vesten! waar het oog
Ook in 't ronde staren moog,
Zelfs in wijd beroemde steden
Die zich eeuwig gelden deden;

Waar een wandelaar zich bewoog,
Steeds bewonderend bij zijn schreden –
Nergens vond hij laag en hoog,
In 't verleden noch in 't heden,

Wat zo kleurenrijk en fris
Tintelt met een schat aan verven
Aan uw huizen en uw erven!

Toch – wat roem gij mocht verwerven –
Wat uw schoonste voorrang is...
Dat is uw *geschiedenis*.

Cees de Jong

AMSTERDAM

amsterdam was vroeger eylders
ik versleet er mijn jeugd

wandelde langs de grachten
met de fiets aan de hand

werd dronken als
ik er geld voor had

bezong je pleinen je kroegen

maar verdween
toen ik begreep

dat dwalen daar
een herhalen was

nu:
    is het een ellende
    een ander paradijs

    van het vondelpark
    tot de grote kerk

    voor vreemden

    vol spaargeld
    en eenzaamheid

maar:
    in de maat fietsen blijft

    de humor is onvertaalbaar
    als een doktersrecept

IJ/AMSTEL

Gabriël Smit

Nog even, dan draait het voorbalcon
naar de brug over de Amstel:
het water vol majesteit, de hemel
door kerktorens trots ondersteund
en over alles heen als een storm van genade
Rembrandt's verbijsterende lichtgevecht.

Catharina Kortebos

AMSTEL

God kijkt vanavond in zijn spiegel,
het water spant zich in de lijst
van opdringend verkeer.
Slapende eenden vormen hier en daar
weervlekken langs de randen.
De torens in de verte zijn een schuchter woord
van liefde en ontzag
elk een letter teder uitgesproken.

God peinst en zie de Amstel is gevuld
met blauwe inkt de lichten dopen
hun lange gouden pennen in.

Ed Leeflang

AMSTELLAND

De stad houdt maar niet op met wonen
langs zijn rivier en donkere kanalen.
Bankstellen, holle wasmachines staan
op oevergras; toonzalen van ongerief
tot aan de einder toe verhuurd.

Rondom doorweekte stromatrassen
worden lichtpaars gepunte pijlen
van kattestaarten afgevuurd.

En wind deelt in de hemel lakens uit;
het brengt de lichte tweedracht
in het riet.

Alles wacht de etser.
In het open veld bestrijdt een witte
ijskast de geteerde schuur en uit
idylles van zachtmoedigen en gekken
nadert de knotwilg een verbleekte
sofa om er zich ooit op uit te strekken.

Een oud wezen, een oude cultuur
willen wel dood, al merken ze het niet.

Ad Zuiderent

OP DE FIETS

Een nuchter fietser op de gracht: wat valt
dat is een herfstblad – licht stijgt op.
Nóg is er geen gevoel van kortste dag.

Maar keert het licht, dan keert de fietser ook
de stad de rug toe, kiest rivier voor gracht,
sneeuw op de buitenweg voor stadse prak.

Wat voedt nog zijn herinnering: de damp
die geurt bij 't uitdoen van een regenpak?
Ging ooit Sebastiaan naar Duivendrecht?

Komt lente, lost de eenzaamheid zich op
in wie hij tegenkomt de Amstel langs:
de fietsers met hun hand omhoog als vrienden.

Zo voelt wie de beslotenheid verliet,
bedreigd door damp van snelverkeer, zich thuis
voorbij de weiden achter zijn bureau.

Maar op een zomerdag slaat hij voorbij
de brug linksaf, wil de rivier ten einde:
komend van Ouderkerk zoekt hij weer stad.

Na molen en begraafplaats wordt het stil:
'Zo eeuwig fietsen!' gaat het door hem, en
geen mens ziet dat zijn fiets de lucht in wil.

Bert Voeten

ZOMERMIDDAG AAN DE AMSTEL

De harde blauwe hand
van de lucht drukt op het water.
Roeiers gaan er gebukt
onderdoor. Hun spieren wandelen
langzaam over hun armen
rugwaarts. Een luie skiff
klapwiekt naar de oever.

In de oksels van de rivier
liggen de boten te rusten
met lome zeilen. Meisjes
kopen op het voordek
een nieuwe huid van de zon,
languit met hun warme
lichamen betalend.
Tegen hun gesloten
oogleden staat een rode
afdruk van de hemel.
Tussen hun spelende vingers
loopt het water spaak.

Achter de schermen van het
geboomte blijven de buitens
in 1860 leven.

Scooters op het jaagpad
knippen de stilte open
met een lange schaar van geluid.

Annie M.G. Schmidt

WANDELING

Ter hoogte van het Koningsplein
was onze liefde engelrein.
Maar bij de Munt werd het al minder.
Mon Dieu, als ik het niet verhinder...
Hoe zal 't dan bij de Amstel zijn?

Guus Luijters

CEINTUURBAAN

Voor Thomas Verbogt

Langs de Ceintuurbaan
staan zeshonderd bomen

aan de Ceintuurbaan
zijn tachtig cafés

waar je alles kunt kopen
wijn en jenever en bier

de Ceintuurbaan
is eindeloos lopen

je had er twee bioscopen
en de Amstel is een rivier

de Ceintuurbaan
heeft zeven namen

die zeven vormen tezamen
een baan van geluk en vertier
en aan het einde wacht de rivier

Harriet Laurey

HET IJ EN IK

De witte boten op het IJ
met vlag en wimpel neergestreken,
ik raak er niet op uitgekeken,
ik ben een witte boot als zij.

Ik lig ook wit en strakgelijnd
verankerd in de morgenhaven,
en zie de stad haar torens dragen
op handen van aquamarijn.

Ik lig te wachten tot het licht
zijn zilverste trompet gaat steken;
ik lig te wachten op het teken,
dat ook míjn anker wordt gelicht,

en ik, een witte boot als zij,
mij schuimend baan breek door het IJ.

Onno-Sven Tromp

BUITEN-IJ

Op een novemberdag verliet ik Amsterdam
met in mijn hoofd een wandeling naar Schellingwou.
Het water zuchtte in de bleke najaarskou,
toen ik met mijn gedachten aan de stadsrand kwam.

Daar vatte mijn verbeelding zo verrassend vlam,
dat ik eenvoudig kon geloven dat hij nou
ineens daar liep en een gesprek beginnen zou,
met in de verte torentjes van Durgerdam.

Ik zag al gauw de witte schittering van 't IJ
en volgde daarna trouw het spoor van Nescio
uit zijn verhalen over tochten langs de dijken.

Het stille licht was onvoorstelbaar mooi en blij
door al dat blinken wist ik zeker datti zo
ook uren naar de horizon had lopen kijken.

Gerard den Brabander

JONG MEISJE OP AMSTERDAMSE VEERPONT

Zij weet de zin niet van haar zware benen
– haar ogen mijmren zonder horizon –:
niet dat er later aan 't verholen rond
van hare borsten zuigelingen wenen.

Onder haar voeten kreunt het dier: de pont;
er jagen driften door haar dromen henen,
maar, onbewust van pijn door vlees en zenen,
bloeit – roos te morgen – haar bedauwde mond.

Over de kim laait wild de laatste gloed
van deze dag, die over 't IJ verbloedt...
Een meeuw zwiert op en zwenkt op scherpe zwingen...

Er valt een zwijgen over mens en dingen,
maar over 't water wankelt dwaas een zingen;
een donker schip vaart branding tegemoet.

Hanny Michaelis

AFSCHEID VAN AMSTERDAM

De tram stopt knarsend voor 't Centraal-station.
Wij stappen uit – een prop schiet in mijn keel.
Goddank: ik word dus toch sentimenteel.
Discreet en tactvol sluiert zich de zon.

Nog eenmaal fladderen mijn zware ogen
als moede vogels in de avondwind
over het sierlijk stenen labyrinth
van gevels, kerktorens en koepelbogen,
zich kartelende in een bleke lucht
vol grijze, rafelige wolkenvegen.

Hoe lang zal ik dit alles niet meer zien?
Maar eens kom ik terug, misschien.
Misschien...

Terwijl ik de stationshal binnenvlucht,
valt er een druppel op mijn wang: het regent.

Inhoud

Aafjes, Bertus, AMSTERDAMSE WANDELING
   uit: *Per slot van rekening*   62
Aafjes, Bertus, ACHTER DE RUIT
   uit: *Verzamelde gedichten 1938-1988*, Meulenhoff, Amsterdam, 1990   163
Aken, Jan van, KAUKASUS
   ongepubliceerd, Uitgeverij 521, Amsterdam, 2001   111
Andreus, Hans, AMSTERDAM
   uit: *Verzamelde gedichten*, Bert Bakker, Amsterdam, 2000   143
Anoniem, OUDE MEER GIJ ZIJT HERREZEN...
   (onbekende dichter rond 1652)   95
Berger, Edsard, AMSTERDAG
   uit: *Kruispunt/Summier 45*, 1973   136
Bloem, J.C., DE DAPPERSTRAAT
   uit: *Verzamelde gedichten*, Athenaeum - Polak & Van Gennep, Amsterdam, 1998   25
Boerstoel, Jan, FUTEN
   uit: *Een beetje wees*, Bert Bakker, Amsterdam, 1990   61
Boogaards, Carla, DE HORTUS BOTANICUS IN FEBRUARI
   uit: *De bruinvisvrouw*, De Bezige Bij, Amsterdam, 1989   87
Bouhuys, Mies, AMSTERDAM   160
Brabander, Gerard den, HERFSTMIDDAG AAN DE PRINSENGRACHT
   uit: *Verzamelde gedichten*, De Bezige Bij, Amsterdam, 1966   55
Brabander, Gerard den, JONG MEISJE OP AMSTERDAMSE VEERPONT   184
Brabander, Gerard den, WATERLOOPLEIN
   uit: *Niets nieuws*, Strengholt, Amsterdam, 1956   45
Brands, Wim, IN HET OOSTEN VAN AMSTERDAM TREF JE...
   uit: *De schoenen van de buurman*, Podium, Amsterdam, 1999   106
Bredero, Gerbrand Adriaansz., SONNET   166
Bril, Martin, HET BEGINT ZO...
   uit: *Voordewind*, Uitgeverij Prometheus, Amsterdam, 2000   9
Brom, Eduard, GRACHTEN   56
Burnier, Andreas, KROMME WAAL
   uit: *Na de laatste keer*, Querido, Amsterdam, 1981   112
Campert, Jan, VOORJAAR   159
Campert, Remco, HET LIED VAN DE JONGENS VAN HET VONDELPARK
   uit: *Betere tijden*, De Bezige Bij, Amsterdam, 1970   88

Campert, Remco, PIROPO
   uit: *Straatfotografie*, Herik, Landgraaf, 1994 — 131
Carmiggelt, S., DE AMSTERDAMSE KROEG
   uit: *De gedichten*, De Arbeiderspers, Amsterdam, 1974 — 154
Decker, Jeremias de, DE AMSTERDAMSE BEURS — 118
Deel, T. van, DIERGAARDE
   uit: *Klein Diorama*, Querido, 1974 — 75
Dendermonde, Max, EEN STADSMUSEUM
   uit: *Ik geef jou een gedicht of wat*, Amsterdam, 1987 — 86
Dendermonde, Max, HET LATE GIEREN
   uit: *Ik weet niet wie*, De Prom, Baarn, 1992 — 36
Doolaard, A. den, FEBRUARI-STAKING
   uit: *De Partisanen*, De Bezige Bij, Amsterdam, 1944 — 48
Dubois, Pierre H., AMSTERDAMS JONGETJE
   uit: *Quia Absurdum*, A.A.M. Stols, Den Haag, 1947 — 65
Dubois, Pierre H., TE LEVEN IN EEN STAD. — 162
Duinkerken, Anton van, DE VRIJE SCHOUWBURG — 115
Eijkelboom, J., DUIVEN
   uit: *Tien vogels*, eigen beheer, 1983 — 51
Enquist, Anna, HORTUS BIJ NACHT
   uit: *De gedichten 1991 – 2000*, De Arbeiders Pers, Amsterdam, 2000 — 71
Geel, Chris van, ONDERDUIKER IN ARTIS
   uit: *Spinroc en andere Verzen*, 1958 — 69
Gellings, Paul, RIVIERENBUURT
   uit: *Antiek fluweel*, De Arbeiderspers, Amsterdam, 1997 — 105
Gellings, Paul, HAARLEMMERPLEIN
   uit: *Antiek fluweel*, De Arbeiderspers, Amsterdam, 1997 — 42
Gerlach, Eva, VOLK
   uit: *Een kopstaand beeld*, De Arbeiderspers, Amsterdam, 1983 — 35
Groot, Jan H. de, HEIMWEE
   uit: *Als die stad eens ommeviel...*, Stadsdrukkerij van Amsterdam, 1975 — 57
Groot, Jan H. de, DAMRAK
   uit: *Kaleidoskopisch*, De Beuk, Amsterdam, 1980 — 31
Groot, Maria de, PLANTAGE
   uit: *Als die stad eens ommeviel...*, Stadsdrukkerij van Amsterdam, 1975 — 108
Haan, Jacob Israël de, ONRUST
   uit: *Kwatrijnen*, P.N. van Kampen, Amsterdam — 99
Hattum, Jac. van, OUDMANHUISPOORT
   uit: *Verzamelde gedichten*, Van Oorschot, Amsterdam, 1954 — 30
Heije, Jan Pieter, WEL IN DE PLANTAGIE... — 98
Hillenius, Dick, HET INTERREGNUM
   uit: *Tegen het vegetarisme*, Van Oorschot, Amsterdam, 1961 — 80
Hoekstra, Han G., DE KINDEREN UIT DE ROZENSTRAAT
   uit: *Het verloren schaap*, Meulenhoff, Amsterdam, 1947 — 32
Hoekstra, Han G., GASTHUISMOLENSTEEG
   uit: *Verzamelde gedichten*, Meulenhoff, Amsterdam, 1972 — 127

Hofdijk, W.J., AMSTERDAM 167
Holman, Theodor, HIER IN AMSTERDAM NOORD...
    uit: *Na drie tellen de opmaat*, De oude Degel, Amersfoort, 1973 96
Hooft, Pieter Cornelisz, OP DE BEURS TE AMSTERDAM 117
Hoornik, Ed., AMSTERDAM
    uit: *Verzamelde gedichten*, Meulenhoff, Amsterdam, 1972 19
Hoornik, Ed., RIJKSMUSEUM
    uit: *Verzamelde gedichten*, Meulenhoff, Amsterdam, 1972 124
Huygens, Constantijn, GELUK AAN DE E, HEREN REGEERDERS...
    uit: *Amsterdam bezongen*, Meulenhoff, Amsterdam, 1947 119
Jakobszoon, Jan de Groot, HIER SCHEURT EEN DIJK...
    (een dichter uit Hoorn, 1651) 94
Jong, Cees de, AMSTERDAM
    uit: *Door een zonnebril achtervolgd*, Manteau, Brussel, 1980 168
Kaal, Meertje, VONDELPARK 79
Kal, Jan, EERSTE HELMERSSTRAAT 135 (III)
    uit: *Fietsen op de Mont Ventoux*, De Arbeiderspers, Amsterdam, 1974 18
Kal, Jan, VROEG IN HET VONDELPARK
    uit: *Fietsen op de Mont Ventoux*, De Arbeiderspers, Amsterdam, 1974 78
Komrij, Gerrit, NIEUWE KERKSTRAAT
    uit: *Luchtspiegelingen*, De Bezige Bij, Amsterdam, 2001 29
Kopland, Rutger, DE KUS
    uit: *Water en vuur II*, Phidias, Amstelveen, 2000 44
Kortebos, Catharina, AMSTEL
    uit: *Teken van leven*, Querido, Amsterdam, 1958 174
Kouwenaar, Gerrit, LEGE VOLIÈRE IN ARTIS
    uit: *Helder maar grijzer*, Querido, Amsterdam, 1998 70
Kouwenaar, Gerrit, WEG/VERDWENEN
    uit: *Zonder namen*, Querido, Amsterdam, 1962 120
Kuijper, Jan, LATE RIT
    uit: *Soma*, januari-februari 1971 133
Laurey, Harriet, HET IJ EN IK 182
Leeflang, Ed, AMSTELLAND
    uit: *Tirade*, juli/augustus 1982 175
Leenders, Herman, IK ZIT IN DE TRAM...
    uit: *Hof van Olijven. Landlopen*, De Arbeiderspers, Amsterdam, 1995 132
Louw, Henny van de, LIJN 4
    uit: *Zondagsdichters over Amsterdam*, De Engelbewaarder, Amsterdam, 1975 137
Luijters, Guus, IN DE KINKERSTRAAT KOM IK...
    uit: *De meisjes van de Kinkerstraat*, L.J. Veen, Amsterdam, 2000 33
Luijters, Guus, CEINTUURBAAN
    uit: *De meisjes van de Kinkerstraat*, L.J. Veen, Amsterdam, 2000 181
Marsman, H., AMSTERDAM
    uit: *Verzameld werk*, Querido, Amsterdam, 1938 60
Meijer, Ischa, SOMS LOOP IK 'S NACHTS NAAR HET VICTORIEPLEIN...
    uit: *De handzame Ischa Meijer*, L.J. Veen, Utrecht, 1986 15

Michaelis, Hanny, OP EEN BANK IN ARTIS...
uit: *Wegdraven naar een nieuw utopia*, Van Oorschot, Amsterdam, 1971   82
Michaelis, Hanny, AFSCHEID VAN AMSTERDAM
uit: *Verzamelde gedichten*, Van Oorschot, Amsterdam, 2000   185
Mok, M., DE JODENBUURT
uit: *Amsterdam bezongen*, Meulenhoff, Amsterdam, 1947   100
Mok, Maurits, REGENBOGEN BOVEN AMSTERDAM
uit: *Als die stad eens ommeviel...*, Stadsdrukkerij van Amsterdam, 1975   146
Morriën, Adriaan, HERFST
uit: *Tirade*, 379, 1999   74
Oerlemans, J.W., AMSTERDAM 1941
uit: *De gedichten van nu en vroeger*, Bert Bakker, Amsterdam, 1992   37
Oerlemans, J.W., HERENGRACHT
uit: *De gedichten van nu en vroeger*, Bert Bakker, Amsterdam, 1992   64
Otten, Willem Jan, GRONDVEST
uit: *Het ruim*, Querido, Amsterdam, 1977   153
Ozon, Diana, VIJF UUR IN DE MORGEN...
uit: *Stad sta stil*, 1993   16
Peeters, Hagar, VERVALLEN STAD
uit: *Genoeg gedicht over de liefde vandaag*, Podium, Amsterdam, 1999   158
Pernath, Hugues C., AMSTERDAM (FRAGMENT)
uit: *Nagelaten gedichten*, Pink Editions & Productions, Antwerpen, 1976   148
Peypers, Ankie, STAD
uit: *Als die stad eens ommeviel...*, Stadsdrukkerij van Amsterdam, 1975   20
Pluijm, Cees van der, AMSTERDAMSE JONGEN
uit: *Van liefde en een niet te lessen dorst*, VITA, Nijmegen, 1998   41
Pointl, Frans, VOLKSGAARKEUKEN VAN 1870, SPUISTRAAT, AMSTERDAM – 1982
uit: *Het Albanese wonderkind*, Nijgh & Van Ditmar, Amsterdam, 1991   26
Polet, Sybren, O BABOE AMSTERDAM, O GAMMELE KALLA
uit: *Illuminatie & Illusie*, De Bezige Bij, Amsterdam, 1975   150
Popma, Murk A.J., AMSTERDAMSE BOS
uit: *De onderstroom*, Klaas Woudt, Zaandijk, 1978   72
Ramaker, Wim, BINNENGRACHT
uit: *Als die stad eens ommeviel...*, Stadsdrukkerij van Amsterdam, 1975   58
Rawie, Jean Pierre, ADRESSEN
uit: *Geleende tijd*, Bert Bakker, Amsterdam, 1999   93
Roegholt, Richter, RANSDORP
uit: *Bzzlletin* 107, 1983   97
Scheepmaker, Nico, HET FIRMAMENT
uit: *Hopper's Holland*, Thomas Rap, Baarn, 1973   83
Schippers, K., IN HET PARK   85
Schmidt, Annie M.G., WANDELING
uit: *Tot hier toe*, Querido, Amsterdam, 1986   180
Schouten, Rob, DE PIJP
uit: *Huiselijk verkeer*, Amsterdam, 1992   107

Smit, Gabriël, NOG EVEN...
uit: *Komend uit het Gooi* 173
Soudijn, Karel, STEDELIJK MUSEUM
uit: *Het kruidenboek*, Athenaeum-Polak & Van Gennep, Amsterdam, 1970 122
Spaan, Henk, HET OLYMPISCH STADION
uit: *Maldini heeft een zus*, L.J. Veen, Amsterdam, 2000 123
Straten, Hans van, AMSTERDAM BLUES
uit: *Podium*, 1953 140
Toorn, Willem van, DE MEESTER
uit: *Water en vuur II*, Phidias, Amstelveen, 2000 43
Tromp, Onno-Sven, BUITEN-IJ
uit: *Ramen*, Tromedia, Amsterdam, 1999 183
Vasalis, M., AAN EEN BOOM IN HET VONDELPARK
uit: *Gedichten*, Van Oorschot, Amsterdam, 1997 76
Veltman, Martin, P.C.HOOFTSTRAAT
uit: *De Veltman-verzameling*, De Arbeiderspers, Amsterdam, 1996 28
Verstegen, Judicus, VONDELPARK 84
Verwey, Albert, BIJ EEN DAM VAN BREITNER
uit: *Oorspronkelijk dichtwerk, 1e deel 1882-1914* 116
Vestdijk, S., OUDEZIJDSKOLK
uit: *Verzamelde gedichten 1*, Bert Bakker, Amsterdam, 1971 34
Vestdijk, S., THORBECKERPLEIN
uit: *Verzamelde gedichten 1*, Bert Bakker, Amsterdam, 1971 50
Vierhout, Ted, AMSTERDAM MUIDERPOORT
uit: *Avenue*, 1977 135
Voeten, Bert, ZOMERMIDDAG AAN DE AMSTEL
uit: *Er gebeuren geen wonderen*, Heideland, Hasselt, 1963 178
Voeten, Bert, BABYLON HERHAALD
uit: *Een lied voor Amsterdam*, De Telg, Amsterdam, 1946 38
Vondel, Joost van den, WILDZANG
uit: *Amsterdam bezongen*, Meulenhoff, Amsterdam, 1947 164
Vreede, Mischa de, EEN DROOM VAN EEN STAD
uit: *Als die stad eens ommeviel...*, Stadsdrukkerij van Amsterdam, 1975 144
Vriesland, Victor E. van, AMSTERDAMSE BOHÈME
uit: *Herhalingsoefeningen*, Querido, Amsterdam, 1968 156
Vriesland, Victor E. van, MUIDERPOORTSTATION
uit: *Bijbedoelingen*, Querido, Amsterdam, 1972 139
Weemoedt, Lévi, ONDER LIJN 4 138
Wigman, Menno, VONDELPARK
uit: *'s Zomers stinken alle steden*, Bert Bakker, Amsterdam, 1997 77
Wilmink, Willem, EERSTEJAARS IN AMSTERDAM
uit: *Moet worden gevreesd dat het nooit bestond*, Bert Bakker, Amsterdam, 1990 102
Winkler, Kees, BUITENVELDERT
uit: *Verzamelde gedichten*, Thomas Rap, Amsterdam, 1997 110
Winkler, Kees, WINTERDAG
uit: *Verzamelde gedichten*, Thomas Rap, Amsterdam, 1997 73

Wit, Jan, AMSTERDAM
 uit: *Als die stad eens ommeviel...*, Stadsdrukkerij van Amsterdam, 1975   104
Zeeman, Michaël, UIT EEN STUK
 uit: *Water en vuur*, Perte Productiontwikkeling, Aalten, 1998   46
Zuiderent, Ad, OP EEN HOGE SLUIS   134
Zuiderent, Ad, OP DE FIETS
 uit: *Geheugen voor landschap*, De Arbeiderspers, Amsterdam, 1979   176